ファーストステップ
企業法入門

西口竜司・城戸直樹［著］

Corporate law

中央経済社

まえがき

　ビジネスの世界でも「働き方改革」，「ＡＩ」，「債権法改正」等近年の制度改正を挙げたらきりがありません。今日，ビジネスの世界に身を置くものとして法律の知識を欠いた状態で経済活動することは不可能でしょう。とはいえ，専門に法律を学習したことのない者が，法律書を探してみると，わかりやすく解説されている専門書は意外と少ないのが現状です。

　本書は第一戦で働いているビジネス・パーソンに法律の基礎を理解して頂くため，大学・大学院等での教育経験の豊富な弁護士が書き下ろしたものです。可能な限り難解な法律を分かり易く解説しました。

　本書だけで全ての企業法を理解することは難しいと思いますが，法律の世界への羅針盤になれればと思います。

　本書で企業関連法の基本事項を理解し，本格的な専門書で学ぶきっかけになれば幸いです。本書で法律の世界へ足を踏み入れてください。

令和元年７月

西口　竜司

目　　次

第1章　ビジネス法の基礎

第1節　法体系の説明 ……………………………………… 2
1 「ビジネス法」の意味 ………………………………… 2

2 ビジネス法の範囲 …………………………………… 2

3 ビジネス法の体系 …………………………………… 3

4 本書の目標 …………………………………………… 4

第2節　法的思考の説明 …………………………………… 5
1 法的思考とは ………………………………………… 5

2 法的思考の身につけ方 ……………………………… 6

第3節　ビジネスにおける法的思考法の実践 ………… 7

第2章　民法の基礎

第1節　民法概説 …………………………………………… 10
1 契約の成立 …………………………………………… 10

2 代理の制度 …………………………………………… 10

　⑴　自分の力だけで活動することの限界　　10

　⑵　制度の概要　　11

3 時効 13

　⑴　継続した事実状態の尊重　　13

　⑵　時効の援用　　13

　⑶　時効の完成猶予と時効の更新　　13

　⑷　取得時効　　14

　⑸　消滅時効　　14

4 債務不履行の規律 15

　⑴　履行遅滞と履行不能　　16

　⑵　債務者の免責事由　　16

　⑶　損害の賠償　　17

　　ア　損害　　17

　　イ　賠償範囲　　17

5 定型約款 18

　⑴　約款の問題性　　19

　⑵　内容の適正化　　19

6 売買契約 20

7 賃貸借契約 20

　⑴　当事者の義務　　20

　　ア　賃貸人の義務　　20

　　イ　賃借人の義務　　21

　⑵　賃貸借契約の終了　　22

　　ア　存続期間の満了　　22

　　イ　賃借物の全部滅失による終了（民法616条の２）　　22

　　ウ　契約の解除　　22

8　請負契約 ··· 25

　(1)　請負の成立　　25

　(2)　請負の効力　　25

　　ア　請負人の義務　　25

　　イ　注文者の義務　　26

第2節　契約書の基本 ······································ 27

1　契約自由の原則 ··· 27

2　契約書の意義 ··· 28

3　代表的な契約条項と注意点 ························· 28

第3章　商法の基礎

第1節　はじめに ·· 38

第2節　商法概説 ·· 39

1　民法と商法との関係について ····················· 39

2　絶対的商行為（商法501条） ····················· 39

3　営業的商行為（商法502条） ····················· 40

4　附属的商行為（商法503条） ····················· 40

5　商行為に該当する場合の具体的効果 ············· 41

第3節　会社法概説 ……………………………………………… 43

1　商法と会社法との関係 ………………………………………… 43

2　会社法の根幹 ……………………………………………………… 44

《　Ⅰ　コーポレート・ファイナンス分野　》　44

　1　総説　44
　2　募集株式の発行について　44
　　(1)　既存株主の経済的利益の影響　45
　　(2)　既存株主の支配的利益の影響　46
　3　新株予約権の発行（会社法236条）について　46
　4　社債の発行（会社法676条）　47

《　Ⅱ　コーポレート・ガバナンス分野　》　48

　1　総説　48
　2　権限分配の仕組みについて　48
　　(1)　株主総会について　48
　　(2)　取締役，取締役会，代表取締役について　48
　　(3)　監査役，監査役会について　49
　　(4)　会計参与，会計監査人　49
　3　利害調整の仕組み　49
　　(1)　総説　49
　　(2)　具体的検討　50

《　Ⅲ　組織再編分野　》　51

　1　スキームの設定について　51
　2　債権者保護の観点について　52
　3　株主保護の観点について　52
　4　敵対的買収とその防衛策　53

第4章　消費者法概説

第1節　現代社会に潜む様々なトラブル ················· 56

1　全国で報告される消費者トラブル ················ 56

　　ア　ワンクリック詐欺　　56

　　イ　デート商法　　56

　　ウ　キャッチセールス　　56

　　エ　マルチ商法　　56

　　オ　資格商法　　57

　　カ　送りつけ商法　　57

　　キ　内職モニター商法　　57

2　消費者被害に遭わないために留意すべきこと ··········· 57

第2節　法律によるトラブルへの対処 ··················· 58

1　法の規律→補完の必要性 ························· 58

2　消費者契約法による保護 ························· 58

　　ア　取消権　　58

　　イ　不当条項の無効　　59

　　ウ　消費者団体訴訟制度　　61

3　特商法による保護 ······························· 61

　　ア　規制対象行為（特商法1条参照）　　61

　　イ　規制内容　　64

第5章　労働法の基礎

第1節　序論 ……………………………………………………… 66

1　労働基準法 ………………………………………………… 67

2　労働契約法 ………………………………………………… 67

⑴　労働基準法との関係　67

⑵　民法上の「雇用」規定との関係（民法623条）　68

第2節　労働基準法・労働契約法の概要 …………………… 69

1　「労働者」とは？ …………………………………………… 69

2　「使用者」とは？ …………………………………………… 70

3　労働契約 …………………………………………………… 72

⑴　合意　73

⑵　就業規則　73

⑶　労働協約　74

⑷　労働条件の明示　75

4　労働契約の成立 …………………………………………… 75

⑴　内定　76

ケース　大日本印刷事件　76

⑵　内定取消　76

⑶　試用期間　77

ケース　三菱樹脂事件　78

5　賃　　金 …………………………………………………… 78

⑴　賃金　78

(2) 賞与・ボーナス　80

(3) 退職金　80

(4) 賃金の支払いに関する原則　81

(5) 休業手当　82

(6) 時効　82

6 労働時間・休憩・休日 …………………………………… 83

(1) 労働時間　83

(2) 休憩時間　83

(3) 休日　84

(4) 時間外労働・休日労働・深夜労働　84

(5) 時間外労働の上限規制　87

(6) 労働時間・休憩・休日の適用除外　88

(7) 高度プロフェッショナル制度の創設　88

(8) 柔軟な労働時間制度　89

7 休暇・休業 ………………………………………………… 89

(1) 年次有給休暇　89

(2) 時季変更権　90

(3) 時季指定義務　90

8 人　　事 …………………………………………………… 90

(1) 人事権　90

(2) 懲戒処分　91

(3) けん責・戒告　92

(4) 減給　92

(5) 出勤停止　93

(6) 降格　93

(7) 懲戒解雇　93

9　労働契約の終了 ……………………………………………………… 93

　⑴　合意解約・辞職　　94

　⑵　定年　　94

　⑶　解雇　　94

10　労働契約終了後の義務 ……………………………………………… 95

第6章　競争法概説

第1節　市場の時代と競争法 ……………………………………… 98

第2節　独占禁止法 ……………………………………………………… 99

1　はじめに …………………………………………………………………… 99

2　行為の主体 ……………………………………………………………… 99

3　不当な取引制限 ……………………………………………………… 101

　⑴　行為要件　　102

　　ア　共同行為　　102

　　イ　相互拘束　　102

　　ウ　共同遂行　　104

　⑵　（市場）効果要件　　104

　　ア　一定の取引分野　　104

　　イ　競争の実質的制限　　106

　　ウ　違法性阻却事由　　108

4　私的独占 ………………………………………………………………… 110

　⑴　行為要件　　110

　　ア　排除行為　　111

目　次　11

　　　イ　支配行為　　112

　　(2)　（市場）効果要件　　112

5　企業結合規制 ……………………………………………… 112

　　(1)　概論　　112

　　　ア　企業結合規制の意義　　112

　　　イ　事前届出制（独禁法10条，同15条，同15条の2，
　　　　　同15条の3，同16条）　　113

　　　ウ　企業結合規制の要件　　113

　　　エ　企業結合ガイドライン（平成23年6月改正）　　113

　　(2)　結合関係　　113

　　(3)　市場効果要件　　114

　　　ア　一定の取引分野　　114

　　　イ　競争の実質的制限を生じる蓋然性　　114

6　不公正な取引方法 ……………………………………… 114

　　(1)　不公正な取引方法概論　　116

　　　ア　意義　　116

　　　イ　制裁　　117

　　(2)　市場効果要件　　117

　　　ア　市場の画定　　117

　　　イ　「公正な競争を阻害するおそれ」　　117

　　(3)　行為類型　　118

　　　ア　取引拒絶（独禁法2条9項1号，一般指定1項，2項）
　　　　　118

　　　　ケース　ロックマン工法事件　　119

　　　イ　差別対価・差別的取扱い　　120

　　　ウ　不当廉売（独禁法2条9項3号，6号ロ・一般指定6項）
　　　　　121

　　　エ　不当高価購入（独禁法2条9項6号ロ，一般指定7項）
　　　　　121

オ 欺まん的顧客誘引と不当な利益による顧客誘引　122

カ 再販売価格の拘束（独禁法2条9項4号）　122

キ 抱き合わせ販売（一般指定10項等）　123

ケース 1 藤田屋事件　124

ケース 2 東芝エレベータテクノス事件　124

ク 排他条件付取引（一般指定11項）　125

ケ 拘束条件付取引（一般指定12項）　125

ケース 3 ソニー・コンピュータエンタテイメント（SCE）事件　127

ケース 4 資生堂東京販売事件　128

コ 優越的地位の濫用（独禁法2条9項5号）　128

サ 取引の相手方の役員選任への不当干渉（一般指定13項）　130

シ 競争者に対する取引妨害（一般指定14項），内部干渉（一般指定15項）　130

7 事業者団体の活動 …………………………………………… 130

第3節　下請法 …………………………………………………… 132

1 優越的地位の濫用の補完立法 ………………………………… 132

2 形式的判断 ……………………………………………………… 132

(1) 手続的規制　132

(2) 禁止行為の類型化　133

(3) 規制手段　134

第7章　知的財産法の基礎

第1節　序論 ……………………………………………………… 136

第2節　特許法 ···137

1 特許法概説（68条） ·························· 137

特許権とは　137

2 特許権の成立要件 ···························· 137

⑴　発明　137

⑵　産業上の利用可能性　139

⑶　新規性　139

⑷　進歩性　140

⑸　手続的要件　140

ア　手続きの流れ　140

イ　先願主義（先願，特許法39条・拡大先願，同29条の2）
141

3 特許権の帰属 ······································ 141

⑴　共同発明　142

⑵　職務発明　142

ア　概論　142

イ　要件　143

4 実施権 ··· 144

5 特許権の効果 ······································ 144

⑴　特許権侵害とは　144

⑵　均等侵害　145

⑶　侵害とみなす行為（特許法101条）　145

6 特許権侵害からの救済手段 ·············· 146

⑴　差止請求（特許法100条1項）　146

⑵　損害賠償請求（民法709条）　146

(3) 特許権に基づく請求に対する抗弁　146

　　ア　消尽論　146

　　イ　試験・研究のための実施（特許法69条1項）　146

　　ウ　実施権の存在　146

　　エ　無効の抗弁　147

7　特許庁の処分に対する不服申立手段　147

(1) 特許異議申立て（特許法113条）　147

(2) 無効審判（特許法131条1項）　147

(3) 審決取消訴訟（特許法178条）　147

第3節　商標法　148

1　商標法概説（商標法2条）　148

2　要件（商標法3条）　149

(1) 「商標」の定義　149

(2) 登録要件　150

(3) 登録された場合の効果　151

　　ア　商標権の発生　151

　　イ　商標権の侵害　152

　　ウ　商標権侵害への対抗手段　154

　　エ　商標権に基づく請求への抗弁　155

3　商標登録出願　157

(1) 出願の概要　157

(2) 出願審査　157

4　特許庁の処分に対する不服申立手段　158

(1) 登録異議申立て　158

⑵　審判　158

　　ア　拒絶査定に対する審判　158

　　イ　商標登録無効審判　158

⑶　審決取消訴訟　158

第4節　その他の知的財産法令について　159

1 意匠法 159

2 著作権法 159

3 不正競争防止法 161

第8章　国際ビジネス法概説

第1節　序論 164

第2節　国際的な商取引に関する法 165

1 準拠法 165

2 ウィーン売買条約 165

3 インコタームズ 165

4 国際ライセンス契約 166

5 公法的な規制 166

第3節　国際紛争解決に関する法 ································· 167

1　国際訴訟 ··· 167
(1)　管轄　167
(2)　送達　167
(3)　証拠調べ　168
(4)　法の適用　168
(5)　判決の執行　169

2　国際仲裁 ··· 170
(1)　仲裁の特徴　170
(2)　国際仲裁手続の流れ　170
(3)　国際仲裁の承認・執行　171

3　国際調停 ··· 171

第9章　ＡＩ法の基礎

第1節　序論 ··· 174

第2節　ＡＩの定義 ··· 175

第3節　法的観点から想定される問題点 ··········· 177

1　ＡＩそれ自体ないしＡＩが作り出したものを客体とする権利関係 ··········· 177
(1)　特許権　177
(2)　著作権　178

2　研究者ないし開発者の権利と倫理規制 ··········· 179

**第4節　ＡＩを原因とする事故が発生した場合の
　　　　責任問題** ································183

1 　**損害賠償責任** ································ 183

2 　**製造物責任** ································ 183

**第5節　経済産業省「ＡＩ・データの利用に関する
　　　　契約ガイドライン」について** ·····················185

●column●

第2章

　　信義則（民法 第1条2項）　12

　　類推適用　12

　　保証債務　18

　　借地借家法による借地人・借家人の保護　24

　　下請負　26

　　契約の成立と方式の自由　27

第3章

　　会社法の学び方　38

　　現在の株主総会の状況　38

　　会社法の条文数　42

　　今後の会社法改正　54

第5章

　　働き方改革　71

　　就活協定　79

　　今後の中小企業における対応策　96

第6章

　　違法行為の立証　103

　　入札談合　105

重畳市場　　106

ハードコア・カルテルと非ハードコア・カルテル　　107

第７章

自然法則を利用した技術的思想の創作　　138

ビジネスモデル特許（ビジネス関連発明）　　138

平成30年改正法４つのポイント　　160

第８章

国際化社会への対応策　　172

第９章

「職務発明」への報奨金を拡充する動き　　178

AIと法律　　182

あとがき　　187

条文索引　　189

事項索引　　192

第 1 章
ビジネス法の基礎

「ビジネス法」とは何でしょうか。ビジネス法は，民法や会社法等と異なり，ビジネス法という表題のついた法典がありません。「ビジネス」に関する「法」と説明することはできますが，それでは「ビジネス法」が具体的にどういうものかは分かりません。

第1章 ビジネス法の基礎

第1節 法体系の説明

1 「ビジネス法」の意味

　本書は「ビジネス法」の基礎を理解してもらうことを目的としています。そして，ビジネスの主体は企業であり，「ビジネス」とは企業活動と言い換えることができます。そこで，「ビジネス法」とは，「企業活動を規律する法」と意味づけることにします。

2 ビジネス法の範囲

　「ビジネス法」の範囲はどこまで含まれるでしょうか。企業活動は多種多様で，商品の製造や販売等の企業取引だけでなく，従業員の雇用や市場の形成，商標の取得や税金の納付も含まれます。

　また，企業によっては国内取引だけでなく国際取引も行います。これらを規律しているのは，民法，商法，消費者法，労働法，独占禁止法，知的財産法，租税法，国際ビジネス法等です。そこで，ビジネス法の範囲は，これらの法分野を含むものということができます。

【図表1-1　ビジネス法】

3　ビジネス法の体系

　前述したように「ビジネス法」の範囲が広範である以上，「ビジネス法」を理解するためには，一定分野ごとに整理し区別することが重要です。それでは，「ビジネス法」はどのように体系化することができるでしょうか。

　まず，企業は，個人事業主や組合を除き，株式会社等の法人として存在しています。法人である以上，法の規律に基づいて組織されるわけです。そこで，企業の存在そのものに関する法として「企業組織法」を切り出すことができます。企業組織法は，会社法，民法，金融商品取引法等を内容とします。本書では，企業組織法について独立した章を立てて解説することはできませんが，ビジネス法の主体を規律する体系の一つであることをおさえておきましょう。

　次に，企業，特に株式会社が法人として存在するのは，設立目的に従って企業取引を行い，利益を得て分配するためです（営利性）。もっとも，利益追求は一定のルールに従ってなされる必要があります。そこで，企業取引を規制する「企業取引法」として整理することができます。企業取引法は，商法・民法・消費者契約法等を内容とします。

　企業は，雇用する従業員を使用することで企業活動を行います。企業と従業員の雇用契約も企業取引ですが，人格を有する労働者との契約であって独自の考慮を要することから，「労働法」として区別することができます。労働法は，労働基準法・労働契約法・労働組合法等を内容とします。

　企業は資本主義社会において他企業と競争し発展していくものです。企業間競争は，自由かつ公正な市場においてなされるべきです。そこで，市場での企業間競争を規制する法として「競争法（経済法）」を切り出すことができます。競争法は，独占禁止法・不正競争防止法・景表法・下請法等を内容とします。

　近年，企業が有する財産のうち，知的財産権の重要性が高まっています。知的財産権はその創作意欲を促進しブランドを保護する必要があるため，独自の法規制がなされています。そこで，「知的財産法」として区別します。知的財産法は，特許法・商標法等を内容とします。

　企業取引は，経済取引であることが多く，課税の対象となります。課税される額は決して小さいものではなく，企業活動に与える影響はかなり大きなものとなります。そこで，企業活動に税を課すための法を「租税法」として整理し

ます。租税法は，所得税法・法人税法等を内容とします。

　近年，経済のグローバル化がますます進展し，企業活動も国際化しています。その中で，国際取引に関する法の重要性もますます高まっています。そこで，ビジネス法も国内だけを見ているわけにはいかず，「国際ビジネス法」として切り出すことにします。

　以上のように「ビジネス法」は，企業組織法・企業取引法・労働法・競争法・知的財産法・租税法・国際ビジネス法等として体系化することができます。

4　本書の目標

　本書の読者は，法学部以外の学部でビジネス法を学習されている方，社会人になって法律の基礎を学習しようとされている方を想定しています。法律の学習は簡単なものではありません。各々の科目の基礎的な理論を学習することが必要になってきます。基礎的な理論の学習にあたっては通常であれば膨大な書籍を読むことが必要になります。しかし，学生の皆様，社会人の皆様には大量の書籍を読み，丁寧に基礎的な理論を学習する時間はありません。そこで，本書は学生，社会人の方にビジネス法の基礎を容易に理解して頂くため執筆した次第です。

　ただし，学習にあたってどうしても用意して頂きたいものがあります。それは「六法全書」です。たしかに，これをどのタイミングで使うのか非常に難しいところではあります。しかし，法律のすべてのエッセンスは六法に凝縮されています。本書でも多数の条文を収録させて頂いておりますが，面倒がらずに条文を引いてください。そうすれば，ビジネス行動のほとんどの根拠が条文にあることを理解できると思います。

　なお，近時ビジネス実務法務検定を受験される方が増加していますが，法学の初歩を学ぶ方にとっても有益な内容になるべく努力をしております。

第2節 法的思考の説明

1 法的思考とは

「法的思考」とは，法的なものの考え方です(「リーガル・マインド」ともいいます)。

各法の目的は，社会において紛争や対立が生じた場合に妥当な解決を図ることにあります。妥当な解決を図るためには，的確に法的な問題点を抽出する必要があります。法的な問題点は往々にして利益や価値観の対立であることが多いものです。

妥当な解決というものは，一方の利益・価値観だけを考慮することでは実現できません。また，対立点を調整するには，両者を納得させるだけの合理的な説得や説明が必要です。そこで，「法的思考」とは，ものごとの問題点を発見し，バランスよく解決するための考え方ということができます。

具体的な事件を法的に解決するためには，事件の事実関係を把握し，法を解釈・適用して一定の結論を得る必要があります。その際，事件の問題点がどこにあるのか，どの法律を用いれば事件を解決できるのかについて事実関係から検討することが必要になります。

そのうえで，問題点をバランスよく解決するには，論理的に筋道を追って考えるだけでなく，結論としても妥当であることが必要です。きちっと条文を解釈して，判例を踏まえて理論的に優れていることだけでなく，具体的事件の解決方法として利害関係人に配慮し的確であることが要求されるわけです。

【図表1-2 法の目的】

2　法的思考の身につけ方

　法的思考は，一朝一夕に身につくものではありません。裁判官や弁護士でも法律の勉強を始めた時から法的思考力があったわけではありません。様々な事案を処理したり，判例を読み込んだり，問題を解いたりしているうちに身につくものなのです。

　もっとも，日々の生活の中でも，意識を変えることで法的思考力を鍛える方法はあります。

　問題点を発見する能力を身につけるためには，日々の生活の中で，ものごとを多面的にとらえる習慣を身につけるとよいでしょう。また，ニュース等を見ながら事実関係を端的に捉え，どういう事件であるのか友人等に説明する練習をしてみてもよいでしょう。

　バランスよく事件を解決する能力を身につけるためには，様々な人の立場に立って考える習慣を身につけるとよいです。自分の意見と異なる主張を公平に理解できるようになることも重要です。そのうえで，ものごとの順序を追って説明する練習をするとよいでしょう。

第3節 ビジネスにおける法的思考法の実践

　ビジネスにおける法的思考法の実践とは，企業活動に関して生じる問題点を抽出して，法を適用してバランスのとれた解決をすることです。

　第1節で学んだビジネス法体系のうち労働法を取り上げて，法的思考法を実践してみましょう。たとえば，会社が従業員の能力不足を理由に解雇した場合で，従業員が継続して働きたいケースを例に挙げます。

　この場合，会社が従業員に対して行った解雇は有効か，すなわち，会社が従業員の能力不足を理由に解雇することの有効性が問題となります。

　会社が従業員を解雇する場合のルールを規律しているのが，労働契約法16条です。

　労働契約法では，会社は「使用者」，従業員は「労働者」と規定されています。使用者の利益は，能力の足りない労働者をクビにすることで，業務の円滑化を図ることでしょう。

　他方，解雇される労働者が失う利益は，会社で従業員として働くことで生活の糧となる賃金を得ることのできる地位です。この2つの利益をバランスよく調整して解決するには，どう考えればよいでしょうか。

　たしかに，使用者がその労働者を気に入らなければ，労働者を能力不足で解雇したいところでしょう。しかし，それでは，生活の糧を得るための地位を失う労働者の不利益が大きすぎて，バランスのとれた解決とはいえません。

　そこで，労働契約法16条は，判例上採用されていた解雇権濫用法理を明文化し，解雇が客観的に合理的な理由を欠き，社会通念上相当であると認められなければ，解雇は権利濫用として無効になる旨を定めているのです。

　もっとも，「客観的に合理的な理由」の要件を緩やかに解釈してしまうと，能力不足が解雇事由として定められていた場合，労働者に教育を施さず能力を伸ばす機会を与えていなくても「客観的に合理的な理由」に当たることになって，解雇要件の一つを充足することになってしまいます。

　しかし，それでは，先ほども述べたように，使用者が得る利益に比して労働者の失う利益が大きすぎるため，バランスのとれた解決とはいえません。ま

た，判例の採用する解雇権濫用法理が要件を厳格に捉えていることとも整合しません。そこで，「客観的に合理的な理由」を厳格に解釈することで，単に労働者に能力が足りないというだけでは「客観的に合理的な理由」には当たらないと考え，バランスを図ることになります。

したがって，本ケースの会社が従業員に教育を施さず，能力を向上させる機会を与えていないにもかかわらず，単に能力不足だけを理由に解雇するものであれば，労働契約法16条の「客観的に合理的な理由」に当たるとはいえません。よって，解雇は無効となります。

企業活動に関する事案の問題点を抽出し，適用条文を見定めて，バランスのとれた結論となるよう解釈して，法を適用し紛争を解決する。これがビジネスにおける法的思考法の実践の一つです。

第 2 章
民法の基礎

　当然のことですが民法はビジネスシーンで一番重要な法律です。ところが，近時立て続けに民法分野（総則，債権，相続）が改正されました。それにより実務分野においても改正民法に対する対応が迫られています。本書ではビジネスパーソン向けに改正民法の勘所を説明させて頂きました。日々の業務に活用して頂くことを期待して執筆をさせて頂いた次第です。今後物権の改正もあります。まだまだ目が離せない分野だと思いますので情報収集に努めて頂きたいと思います。

第2章 民法の基礎

第1節 民法概説

1 契約の成立

　私たちは，日常生活においても，売買契約や賃貸借契約などの契約を結ぶことによって財産関係を築いています。この**契約**は，両当事者の**意思表示**が合致することによって成立する法律行為といわれています。

　たとえば，売買契約については，民法は「第3編　債権」「第2章　契約」の「第3節　売買」に定めをおいています。そして，その最初の規定（**冒頭規定**）である民法555条に成立要件が定められていると考えられています。

（売買）

民法 第555条

　売買は，当事者の一方がある財産権を相手方に移転することを約し，相手方がこれに対してその代金を支払うことを約することによって，その効力を生ずる。

　ここでは当事者の一方による財産権を移転するという意思の表示と他方当事者による代金を支払うという意思の表示が合致することが想定されています。意思の表示が合致することで「約束」（合意）となります。

2 代理の制度

⑴ 自分の力だけで活動することの限界

　民法は，自己決定に基づく自己責任の考え方を基本としていますが，それを徹底するならば，個人の活動が自分1人で決済できる範囲に限られてしまうことになります。

　そのような不都合に対応するため，民法は代理の制度を用意しました。代理制度を使う場合，本人が自らの代わりに意思表示を行う（法律関係を決定する）代理人に任せることを自己決定すれば，その代理人の行った法律行為の効果はその本人に帰属することになります。これは，**私的自治の拡張**の場面といえま

第1節　民法概説　　11

す。

　また，人の判断能力には限界があり，加齢とともに判断能力が衰えた場合など，他者(保護者)のサポートが必要な場合があります。私的自治の原則は，個人が自分で判断することができる能力があることを想定していますから，この場面で代理制度を用いる場合は，私的自治の補充の場面といえます。

(2)　制度の概要

　代理では，本人・代理人・相手方という三者の関係が想定されます。

　本人が他人である代理人に意思表示をしてもらうという場合，相手方にとって本人がその代理人を使うという意思決定をしたことが明らかでなければ，代理人と詐称した者によって意思表示が行われるおそれがあります。そこで，代理の要件は次のように組み立てられています。

(代理行為の要件及び効果)

民法 第99条

　1項　代理人がその権限内において本人のためにすることを示してした意思表示は，本人に対して直接にその効力を生ずる。

　2項 (略)

【代理の要件】

　①　代理人による法律行為 (代理行為) があったこと

　②　「本人のためにすることを示してした」こと (顕名)

　③　①に先立って，本人が代理人に代理権を授与したこと (先立つ代理権授与行為)

代理の構造を図で示すと次のようになります。

【図表2-1　代理の構造】

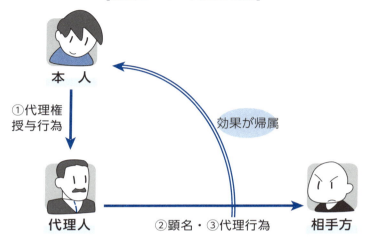

● Column ●　信義則（民法 第1条2項）

　信義誠実の原則（信義則）は，私人間の関係を規律するルールとして，広く適用され得るものです。信義則に反する権利行使等は許されません。また，信義則によって何らかの義務が発生することがあります。さらには，契約の文言を解釈する際に，信義則が考慮されることがあります。
　とはいえ，このような抽象的な内容を持つ「一般規範」を広く適用すると，予測可能性が害されてしまうという問題もあります。そこで，信義則は，契約内容が不明確な場合や，直接規律する条文がない時に，補充的に適用されるべきものとされています。

● Column ●　類推適用

　民法などの私人（これに対する概念が「国」などの公人です）と私人との間の法律関係を扱う「私法」では，**類推適用**が行われることがあります。
　すべての私人間の法律関係を条文で定めることは不可能ですし，条文で

定めたルールしか用いないとすると，硬直的であり，脱法が容易になってしまいます。そこで，ある条文が定める規範（ルール）について，それと同じような利益状況において，その規範を解釈によって導くことが行われることがあります。

3 時効

(1) 継続した事実状態の尊重

　民法における時効とは，継続している事実状態を保護するため，事実状態に対応した権利の取得や権利の消滅を認める制度です。何らかの権利を取得するのが取得時効であり，何らかの権利が消滅するのが消滅時効です。

　時効制度を支える根拠としては，①継続した事実状態の保護のほか，②証拠があっても散逸してしまうことや，③長期間にわたって権利を行使しない者は保護に値しないことも，指摘されます（多元説）。

(2) 時効の援用

　時効では，類型ごとに様々な時効期間が定められています。

　しかし，期間が経過するだけでは時効の効果が認められるのではなく，当事者の援用がなければ裁判所は時効を理由として裁判することができないとされています（民法145条）。

(3) 時効の完成猶予と時効の更新

　時効期間が経過することを時効の完成と呼びます。

　ただし，裁判上の請求などの事情がある場合には，時効期間を経過しても6カ月間は，時効は完成しないものと扱われます（民法147条1項，同148条1項，同149条，同150条1項など）。これが時効の完成猶予です。

　これに対して，時効の更新という制度もあり，これは時効期間が一から再スタートするものです。たとえば判決が所定の期間の経過によって争うことができない状態となった場合などに認められています（民法147条2項，同148条

2項，同152条1項）。

(4) 取得時効

　物を事実上支配していることを占有といいます。所有権の取得時効は，一定期間の占有に加えて，所有の意思がある場合にだけ認められています。

　すなわち，①「20年間，所有の意思をもって，平穏に，かつ，公然と他人の物を占有した者は，その所有権を取得する。」と定められています（民法162条1項）。また，②「10年間，所有の意思をもって，平穏に，かつ，公然と他人の物を占有した者は，その占有の開始の時に，善意であり，かつ，過失がなかったときは，その所有権を取得する。」と定められています（同条2項）。

（所有権の取得時効）

民法 第162条

1項　20年間，所有の意思をもって，平穏に，かつ，公然と他人の物を占有した者は，その所有権を取得する。

2項　10年間，所有の意思をもって，平穏に，かつ，公然と他人の物を占有した者は，その占有の開始の時に，善意であり，かつ，過失がなかったときは，その所有権を取得する。

---

(5) 消滅時効

　所有権などの一部の権利を除いて，一定の期間の経過によって，権利が消滅する場合が定められています。その中でも重要なのが，債権の消滅時効です（民法166条1項）。

　それによると，①「債権者が権利を行使することができることを知った時から5年間行使しないとき。」（同項1号）や②「権利を行使することができる時から10年間行使しないとき。」（同項2号）には，債権は時効によって消滅します。

（債権等の消滅時効）

民法 第166条

1項　債権は，次に掲げる場合には，時効によって消滅する。

第 1 節　民法概説　　15

　　一　債権者が権利を行使することができることを知った時から5年間行使しな
　　　いとき。
　　二　権利を行使することができる時から10年間行使しないとき。
2項　債権又は所有権以外の財産権は，権利を行使することができる時から20
　　年間行使しないときは，時効によって消滅する。
3項　前2項の規定は，始期付権利又は停止条件付権利の目的物を占有する第三
　　者のために，その占有の開始の時から取得時効が進行することを妨げない。た
　　だし，権利者は，その時効を更新するため，いつでも占有者の承認を求めるこ
　　とができる。

4　債務不履行の規律

　契約等によって個人は債務を負うことがあります。約束を守って債務を履行
することができない場合，債権者としては，履行を請求することが考えられま
す（民法414条1項）。
　また，履行が遅れたりすることによって，債権者が損害を受けることがあり
ます。債務者が債務の本旨に従った履行をしないことを**債務不履行**といい，民
法は，債務不履行について損害賠償請求を認めています（民法415条）。
　さらに，債務不履行があった場合に，契約が初めからなかったものとする解
除という制度もあります（民法541条，同542条）。
　ここでは，損害賠償請求を取り上げます。

（債務不履行による損害賠償）

民法 第415条

1項　債務者がその債務の本旨に従った履行をしないとき又は債務の履行が不能
　　であるときは，債権者は，これによって生じた損害の賠償を請求することがで
　　きる。ただし，その債務の不履行が契約その他の債務の発生原因及び取引上の
　　社会通念に照らして債務者の責めに帰することができない事由によるものであ
　　るときは，この限りでない。
2項　前項の規定により損害賠償の請求をすることができる場合において，債権
　　者は，次に掲げるときは，債務の履行に代わる損害賠償の請求をすることがで

きる。

一　債務の履行が不能であるとき。

二　債務者がその債務の履行を拒絶する意思を明確に表示したとき。

三　債務が契約によって生じたものである場合において，その契約が解除され，又は債務の不履行による契約の解除権が発生したとき。

(1)　履行遅滞と履行不能

　債務者が履行期に債務を履行しないことを履行遅滞といいます。これに対して，債務の履行が不可能な場合が履行不能です。

　履行遅滞に当たるかは，当事者が合意したのはどのような債務であったかを考え，履行期にそのような債務が履行されているかによって判断されます。

　履行不能に当たるかは，「契約その他の債務の発生原因」と「取引上の社会通念」に照らして履行が不可能であるかによって判断されます（民法412条の2第1項）。

（履行不能）

民法 第412条の2

1項　債務の履行が契約その他の債務の発生原因及び取引上の社会通念に照らして不能であるときは，債権者は，その債務の履行を請求することができない。

2項　契約に基づく債務の履行がその契約の成立の時に不能であったことは，第415条の規定によりその履行の不能によって生じた損害の賠償を請求することを妨げない。

---

(2)　債務者の免責事由

　債務不履行に基づく損害賠償請求が認められるためには，「債務者の責めに帰することができない事由によるもの」であってはなりません（民法415条1項ただし書）。法は不可能を要求するものではないからです。

　債務者に免責事由が認められるかは，「契約その他の債務の発生原因及び取引上の社会通念に照らして」判断されます。社会通念とは，社会的な常識といっ

第1節　民法概説

た意味合いになります。

(3)　損害の賠償

ア　損害

債権者にどのような損害があるかは，債務不履行がなければ債権者が置かれたであろう状態と債務不履行があったために債権者が置かれている状態との差を金銭的に評価して判断されます。このような考え方を**差額説**といいます。

差額説では，損害は**財産的損害**と**非財産的損害**に分けられます。非財産的損害としては債権者の精神的苦痛（**慰謝料**）がありますが，これは主として，不法行為に基づく損害賠償請求（民法709条）で問題となります。

イ　賠償範囲

債務不履行によって生じた損害のすべてを賠償すべきとすると，特異な損害の賠償まで必要となります。これでは，債務者に過度の負担となるおそれがあります。そこで，民法416条は以下のようなルールを定めています。

第1に，債務不履行によって「通常生ずべき損害」（**通常損害**）が賠償されるべきです（民法416条1項）。

第2に，「特別の事情によって生じた損害」（**特別損害**）であっても，当事者が予見すべきであった時は，賠償されるべきです（民法416条2項）。

（損害賠償の範囲）

民法 第416条

1項　債務の不履行に対する損害賠償の請求は，これによって通常生ずべき損害の賠償をさせることをその目的とする。

2項　特別の事情によって生じた損害であっても，当事者がその事情を予見すべきであったときは，債権者は，その賠償を請求することができる。

第2章　民法の基礎

●Column●　保証債務

column

(保証人の責任等)

民法 第446条

1項　保証人は，主たる債務者がその債務を履行しないときに，その履行を
する責任を負う。

2項　保証契約は，書面でしなければ，その効力を生じない。

3項　保証契約がその内容を記録した電磁的記録によってされたときは，そ
の保証契約は，書面によってされたものとみなして，前項の規定を適用す
る。

　保証債務は，主たる債務が履行されることを担保するために，債務が履
行されない時に保証人が代わって債務を履行することを合意することによ
って生じます（民法446条1項）。債権・債務関係とは別に行われる保証
契約によって別個の保証債務が生じるところに特色があります。とはい
え，保証債務はあくまで主たる債務が履行されることの担保ですから，主
たる債務に生じた一定の事由は保証債務にも影響するものとされています
（附従性）。

　このような保証債務には，個人が意図しないで過大な責任を負う事例が
少なくありませんでした。そこで，従来から，書面を要件とする（民法
446条2項）などの手当てがなされてきました。

　また，今回の債権法改正では，包括根保証の禁止・要式行為性を貸金等
根保証だけでなく個人根保証全般に拡張するなどの改正が行われました。
包括根保証は対象が無限定のため当事者の予測を超えた重い責任となるお
それがあるためです。

5　定型約款

　約款とは，多数の契約を画一的に処理するために，あらかじめ契約条件を定
型化して書面化したものをいいます。現在では，こうした約款は社会の様々な
場面で用いられています。身近なところでは，電車に乗る場合，携帯電話を購

第1節 民法概説

入する場合などがあげられます。

　なぜ，このような約款が用いられるのでしょうか。それは，個別的に交渉をしていたのでは，交渉コストがかかってしまい，円滑な社会関係が形成できないという実質的な要請があるからです。たとえば，電車に乗る場合などに，いちいち交渉しなければならないとすれば，事業者・消費者とも多くの時間が必要となり現実的ではありません。

(1) 約款の問題性

　こうした約款には，事業者が一方的・画一的に定めるため，消費者に不利な条項が押し付けられるという問題があります。

(2) 内容の適正化

　現実に流通している無数の約款に適切な規制を及ぼしてしていかなければなりません。そこで，約款に規制を及ぼすとして，どのような規制がよりバランスの取れた規制となるか，規制の適正化が検討されるようになりました。

① 内容規制

　第1に，公序良俗や消費者契約法などによる法律による規制があります。公序良俗は，反社会性が強いものが中心ですし，消費者契約法は消費者取引について特定の要件を満たすものに限られます。

　第2に，行政による規制が有力な規制方法となります。約款について行政の許認可を必要とするのです。保険約款（保険業法4条），電気の供給約款（電気事業法18条），旅行業約款（旅行業法12条の2）など，様々な監督がなされています。

　第3に，契約の解釈と同様，約款条項の解釈で対応する場合があります。個々の裁判の場面で，約款条項の趣旨から約款規定を限定解釈するなどの方法で対応することが行われてきました。

② 開示規制

　約款を契約と同質のもの捉えるならば，約款の適切な開示が重要になります。

6 売買契約

　民法には，典型契約と呼ばれる契約類型が定められています。それぞれの契約の内容や成立要件は，各契約を定めた「節」の最初の規定（冒頭規定）に定められています。

（売買）

民法 第555条　売買は，当事者の一方がある財産権を相手方に移転することを約し，相手方がこれに対してその代金を支払うことを約することによって，その効力を生ずる。

　ここでは，財産権移転約束と代金支払約束が契約の要素である旨定められています。また，契約が成立すると，それぞれに対応して，財産権移転義務と代金支払義務が生じることを読み取ることができます。

7 賃貸借契約

　賃貸借契約とは，当事者の一方が相手方に対し，ある物の使用収益をさせることを約束し，相手方がこれに賃料を支払うこと及び引渡しを受けた物を契約終了時に返還することを約束することによって成立する契約をいいます（民法601条）。

（賃貸借）

民法 第601条

1項　賃貸借は，当事者の一方がある物の使用及び収益を相手方にさせることを約し，相手方がこれに対してその賃料を支払うこと及び引渡しを受けた物を契約が終了したときに返還することを約することによって，その効力を生ずる。

2項（略）

---

(1) 当事者の義務

　ア　賃貸人の義務

　賃貸人には，目的物を使用収益させる義務があります（民法601条）。無償で

第1節 民法概説 21

貸し渡すという使用貸借とは異なり，賃貸人は，**賃借物を賃借人が契約目的にしたがって使用収益できるのに適した状態に置く**という積極的義務を負います。

① **修繕義務**

賃貸人には，賃借物の使用収益に必要な修繕をする義務があります（民法606条1項本文）。

② **保護義務**

また，第三者が賃借物の使用収益を妨害する時は，賃貸人は妨害を排除しなければなりません（**妨害排除義務**）。

③ **その他**

賃借人は，賃貸人の負担に属する必要費を支出した時は，直ちに賃貸人に償還を請求することができます（民法608条1項）。

たとえば，借家の雨漏りの修繕に要した費用や破損した窓ガラスの取替費用などがこれに当たります。

イ 賃借人の義務

① **賃料支払義務**

賃借人には，約定された賃料を支払う義務があります（民法601条）。

② **用法遵守義務**

賃借人は，契約または目的物の性質によって定まった用法に従って使用収益しなければなりません（民法616条・同594条1項）。

（賃借人による使用及び収益）

民法 第616条 第594条第1項の規定は，賃貸借について準用する。

（借主による使用及び収益）

民法 第594条

1項 借主は，契約又はその目的物の性質によって定まった用法に従い，その物の使用及び収益をしなければならない。

2項，3項（略）

③ 保存義務

賃借人は，目的物を返還するまで，善良な管理者の注意をもって保存する義務を負います（民法400条）。

（特定物の引渡しの場合の注意義務）

民法 第400条　債権の目的が特定物の引渡しであるときは，債務者は，その引渡しをするまで，契約その他の債権の発生原因及び取引上の社会通念に照らして定まる善良な管理者の注意をもって，その物を保存しなければならない。

④ 保存行為の受忍義務

賃借人は，賃貸人の保存行為を拒むことはできません（民法606条2項）。

（賃貸人による修繕等）

民法 第606条

1項（略）

2項　賃貸人が賃貸物の保存に必要な行為をしようとするときは，賃借人は，これを拒むことができない。

(2) 賃貸借契約の終了

賃貸借契約は，以下の事由によって終了します。

ア　存続期間の満了

イ　賃借物の全部滅失による終了（民法616条の2）

（賃借物の全部滅失等による賃貸借の終了）

民法 第616条の2　賃借物の全部が滅失その他の事由により使用及び収益をすることができなくなった場合には，賃貸借は，これによって終了する。

ウ　契約の解除

① 債務不履行

催告解除（民法541条）と催告によらない解除（同542条）があります。

第1節　民法概説　　23

（催告による解除）

民法 第541条　当事者の一方がその債務を履行しない場合において，相手方が相当の期間を定めてその履行の催告をし，その期間内に履行がないときは，相手方は，契約の解除をすることができる。ただし，その期間を経過した時における債務の不履行がその契約及び取引上の社会通念に照らして軽微であるときは，この限りでない。

（催告によらない解除）

民法 第542条

1項　次に掲げる場合には，債権者は，前条の催告をすることなく，直ちに契約の解除をすることができる。

　一　債務の全部の履行が不能であるとき。

　二　債務者がその債務の全部の履行を拒絶する意思を明確に表示したとき。

　三　債務の一部の履行が不能である場合又は債務者がその債務の一部の履行を拒絶する意思を明確に表示した場合において，残存する部分のみでは契約をした目的を達することができないとき。

　四　契約の性質又は当事者の意思表示により，特定の日時又は一定の期間内に履行をしなければ契約をした目的を達することができない場合において，債務者が履行をしないでその時期を経過したとき。

　五　前各号に掲げる場合のほか，債務者がその債務の履行をせず，債権者が前条の催告をしても契約をした目的を達するのに足りる履行がされる見込みがないことが明らかであるとき。

2項　次に掲げる場合には，債権者は，前条の催告をすることなく，直ちに契約の一部の解除をすることができる。

　一　債務の一部の履行が不能であるとき。

　二　債務者がその債務の一部の履行を拒絶する意思を明確に表示したとき。

　賃貸借契約の解除は，**解約告知**といわれ，その効果は，将来に向かってのみ生じます（民法620条前段）。継続的契約であることによります。

② その他

　まず，賃借人の意思に反する賃貸人の保存行為によって賃借目的が達成不

能となった場合，賃借人は契約を解除することができます（民法607条）。

また，賃借物の一部滅失によって賃借目的が達成不能となった場合，賃借人は契約を解除することができます（民法611条2項）。

さらに，賃借人が無断譲渡・転貸した場合に，賃貸人は契約を解除することができます（民法612条2項）。

③ 信頼関係破壊法理

賃貸借契約は，継続的な信頼関係を基礎とする契約です。

そのため，賃貸借契約上の義務違反があっても，賃借人の背信行為と認められない場合には，賃貸人の解除権の行使は許されません（最判昭和28年9月25日〔無断譲渡・転貸〕，最判昭和39年7月28日〔借家の賃料不払い〕，最判昭和41年4月21日〔借地の増改築禁止特約違反〕）。

他方で，用法遵守義務違反が甚だしい場合など，信頼関係が破壊された場合は，賃貸人は無催告で賃貸借契約を解除することができます（最判昭和27年4月25日）。

④ 合意解除

賃貸人と賃借人が合意して契約を解除することができます。

ただし，合意解除は，適法な賃借人に対して主張（対抗）することはできません（民法613条3項本文）。

●Column● 借地借家法による借地人・借家人の保護　column

賃借人は，不動産賃貸借について，登記を備えれば，賃借権を第三者に主張（対抗）することができます（民法605条）。

（不動産賃貸借の対抗力）

民法 第605条　不動産の賃貸借は，これを登記したときは，その不動産について物権を取得した者その他の第三者に対抗することができる

しかし，賃貸人には登記を備えさせる義務がありませんので，このような登記はあまり使われてきませんでした。そのため，賃借人は第三者に対して弱い立場にあったといえます。

第1節 民法概説 **25**

　そこで，1909年に建物保護ニ関する法律が制定され，1921年に借地法と借家法が制定されました。さらに，1991年には，これらの法律を統合し，新たな規律も加えた借地借家法が制定されました。

8　請負契約

　請負とは，当事者の一方がある仕事を完成させることを約束し，相手方がその仕事の結果に対して報酬を与えることを約束する契約をいいます（民法632条）。

> **（請負）**
>
> 民法 第632条　請負は，当事者の一方がある仕事を完成することを約し，相手方がその仕事の結果に対してその報酬を支払うことを約することによって，その効力を生ずる。

　請負は，労務によって作り出される結果（**仕事の完成**）を目的とする点に特徴があります。

(1)　請負の成立

　請負は，当事者の合意のみによって成立します（**諾成契約**）。

　なお，建築請負等では，契約条件を書面で定めることが要求されていますが（建設業法19条等），これは契約の成立要件ではないとされています。

(2)　請負の効力

　ア　請負人の義務

　請負人は，**仕事を完成する義務**を負います。

　また，請負人の仕事が有形物の完成にある場合，請負人は**完成物引渡義務**を負います。

●Column● 下請負

特に建物の請負契約において，下請負契約が結ばれることが少なくありません。これは，一つの建物を建築するのに，様々な専門職が関与する必要があることによります。

下請負契約は，請負人（元請負人）と下請負人の間でなされる合意ですので，注文主と下請負人の間には直接の契約関係はありません。そうすると，元請負人が倒産等した場合に，下請負人が不測の損害を受けることがあり，立場の弱い下請負人を保護すべきでないかが問題となることがあります。しかし，注文主は報酬を支払済みのことが多く，注文主の関与しない下請負契約の効力を及ぼすことは難しいのが実情です。

また，注文主と請負人の間で，建物の所有権を注文主の帰属とする特約が結ばれることがあります。ここで，下請負契約が請負契約とは別契約であることからすれば，こうした特約の効力は下請負人に及ばないとも思えます。しかし，判例は「下請負人は，注文者との関係では，元請負人のいわば履行補助者的立場に立つ」として，特約の効力を下請負人に及ぼしています（最判平成5年10月19日）。

イ　注文者の義務

注文者は，**報酬支払義務**を負います。

第2節 契約書の基本

1 契約自由の原則

　個人は，国家の介入を受けることなく，自由に契約を結ぶことができます。これを契約自由の原則といいます。

　すなわち，契約をするか，誰と契約するかの自由（民法521条1項），契約内容を決める自由（同条2項），意思が合致するだけでよいという方式の自由（民法522条2項）が認められています。

（契約の締結及び内容の自由）

民法 第521条

1項　何人も，法令に特別の定めがある場合を除き，契約をするかどうかを自由に決定することができる。

2項　契約の当事者は，法令の制限内において，契約の内容を自由に決定することができる。

（契約の成立と方式）

民法 第522条

1項　契約は，契約の内容を示してその締結を申し入れる意思表示（以下「申込み」という。）に対して相手方が承諾をしたときに成立する。

2項　契約の成立には，法令に特別の定めがある場合を除き，書面の作成その他の方式を具備することを要しない。

●Column● 契約の成立と方式の自由

　方式の自由のもとでも，書面の存在が重要となることがあります。それは，契約の成立を判断するためには，取引の慣行を考慮せざるを得ないからです。たとえば，不動産売買では，契約書の作成と金銭の交付が行われるのが一般です。そのために，こうした契約書の作成や金銭の交付がない

場合は，当事者間で最終的な意思の合致がないことが推認されることがあります。

2 契約書の意義

　合意だけで契約が成立するといっても，相手が契約上の義務を履行しない場合，契約が成立していることを基礎づける事実を証明する必要が生じます。これは，様々な間接事実によって推認することもできますが，契約書を作成するのが最も確実な方法といえます。

　また，契約では，民法で定められている典型的な法律効果の他に，創意工夫に富んだ特約を付することができます。そうした特約を定めるにあたって，契約書を作成しておけば，内容を明確にすることができます。

　さらに，契約書を作成することによって，相手に念押しをする意思表示があったことを当事者間で確認することができます。契約が成立したとしても，それが履行されなければ意味がありません。軽率な約束を戒め，当事者双方が契約の実現に向けて行動することは，相応の意義があります。

3 代表的な契約条項と注意点

① 契約の有効要件

　たとえば，保証契約では，書面の作成が要件です（民法446条2項）。

　これは，軽率に保証人となることを防ぐ趣旨です。そのため，書面によって，保証意思が明らかになっていなければならないと解されています。

② 裁判管轄

　管轄とは，裁判所間の管轄権の分担の定めをいいます。

　事物管轄は，第一審を担当する簡易裁判所と地方裁判所の事件配分の定めをいいます。これは，140万円を基準に定められています（裁判所法24条1号，同33条1項1号）。

　土地管轄とは，所在地の異なる裁判所間での事件分担の定めをいいます。このうち，事件の内容性質に関係なく一般的に管轄が認められるのが普通裁判籍であり，具体的な事件の内容を考慮して管轄が認められるのが特別裁判

籍です。

　まず，普通裁判籍についてみると，自然人であれば**住所・居所**(民訴法4条2項)，法人その他の団体であれば**主たる事務所又は営業所**（同条4項）に管轄が認められます。

　次に，特別裁判籍についてみると，財産上の訴えについては，**義務履行地**に管轄が認められます(民訴法5条1号)。また，不動産に関する訴えについては，**不動産所在地**に管轄が認められます（同条12号）。

　これら事物管轄と土地管轄については，当事者間の合意によって管轄を定めることが認められています（民訴法11条）。

　同条3項によって，管轄の合意は書面ですることが必要となります。

　遠方で裁判を起こされるリスクを避けるためには，こうした管轄の合意が重要となります。

【管轄の合意条項】

　甲及び乙は，本契約に関し裁判上の紛争が生じたときは，東京地方裁判所を専属的合意管轄裁判所とする。

　ここでは，自分に有利な裁判所を指定するのが望ましいといえます。また，合意管轄については，原則として付加的合意管轄（法律の定めに加えて管轄を認める合意）とみるべきとされます。そこで，合意条項を設ける場合は，「専属的」合意管轄（1つの裁判所に管轄を限定する趣旨の合意）であることを明示すべきといえます。

③　契約の有効期間

　賃貸借や雇用などの契約期間が長期間にわたる**継続的契約**において，有効期間の合意がない場合は，当事者の一方は，解約の申入れを行って契約を終了させることができます。ところが，長期間にわたる契約関係では，相手方当事者に契約継続への期待が生じることがあり，こうした解約申入れが，信義則（民法1条2項）によって制限されることがあります。

　そうすると，契約終了時期についての予測可能性を高めるためには，契約の有効期間を定めることが有用となります。

契約の終了時期は，突然の申入れによって相手方に不測の損害を及ぼすおそれがあることに鑑み，相当期間の予告があるか，それがない場合は，解約申入れから相当期間経過後に契約が終了すると解されます（民法617条，同627条参照）。したがって，契約の性質内容に応じて，相応の長さの**予告期間**を設けることが妥当といえます。

【契約期間】

> 1　本契約の有効期間は，平成30年4月1日から平成33年3月31日までとする。
> 2　甲及び乙は，期間満了の1カ月前までに，再契約について協議を行うものとし，この協議がまとまらない場合は，本件役は期間満了によって終了するものとする。

---

④　**解除条項**

契約の**解除**は，契約を遡って消滅させ，契約の拘束力から当事者を解放する制度です。

当事者は契約に合意し，債務の履行を約束したのですから，むやみに契約の解除を認めると，契約の拘束力ないし実効性が損なわれることになります。そのため，法律上は，契約不適合などの限定的な要件の下で認められることになります。しかし，契約の解除が認められず，契約の拘束を受け続けるとするならば，不安定な立場に置かれてしまうことになります。そこで，個々の契約の内容性質に照らし，契約維持の利益よりも契約から解放する利益が大きい場合に解除を認める条項を設けることには，十分に実益があると考えられます。

【実益がない条項：法定解除と同じ内容】

> 甲及び乙は，相手方に債務不履行があったときは，契約を解除することができる。

第2節　契約書の基本

【解除条項】

1　甲及び乙は，以下の事由があるときは，相手方に１０日前までに書面で通
知することによって，本契約を解除することができる。この場合において，
催告及び履行の提供は，これを要しないこととする。
一　本契約条項の１つに違反したとき
二　支払停止・支払不能の状態に陥ったとき，または，手形もしくは小切
手が不渡りとなったとき
三　監督官庁から営業停止，営業免許・登録の取消しを受けたとき
四　差押え，仮差押え，仮処分，強制執行，担保権の実行としての競売，
租税滞納処分その他これに準じる手続が開始したとき
五　相手方について破産，民事再生，会社更生，特別清算の手続が開始し
たとき
六　合併による消滅，営業の廃止・変更または解散の決議をしたとき
七　災害，労働争議等，本契約または個別契約の履行を困難にする事項が
生じたとき
八　その他，資産，信用，支払能力の著しい低下があったとき，または，
これに影響を及ぼす営業上の重要な変更があったとき
九　相手方に対する詐術その他の背信行為があったとき
2　前項の解除は，損害賠償の請求を妨げない。

⑤　損害賠償の予定

　損害賠償の予定は，債務不履行が逢った場合に債務者が支払う損害賠償の
額を予め当事者が契約で定めておくことをいいます（民法 420 条１項）。

（賠償額の予定）

民法 第 420 条
１項　当事者は，債務の不履行について損害賠償の額を予定することができる。
２項　賠償額の予定は，履行の請求又は解除権の行使を妨げない。
３項　違約金は，賠償額の予定と推定する。

　これは，当事者が予め損害額を定めておくことで，不履行のリスクについ
て予測可能性を高めるものです。また，定額方式や算定式を定める場合は，
立証コストを省くことができる点で，優れた条項ということができます。

もっとも，損害賠償の予定には限界もあります。当事者の一方が優越的な地位を利用して過大な損害額の予定を押しつけたような場合は，公序良俗違反として無効となることがあります。また，判例は，こうした損害賠償の予定があっても，別途**過失相殺**（民法418条）を行うことを認めています（最判平成6年4月21日）。

（過失相殺）

民法第418条　債務の不履行又はこれによる損害の発生若しくは拡大に関して債権者に過失があったときは，裁判所は，これを考慮して，損害賠償の責任及びその額を定める。

なお，損害賠償の予定については，解除と異なり，民法と同じ趣旨の規定を設けることに，一定の意義が認められることがあります。たとえば，相手方が法律に詳しくない場合に，契約書を見るだけで損害賠償請求権の発生を知ることができ，債務不履行の発生を抑止することがありえます。

【損害賠償の予定①】

　甲または乙が，履行期に債務を履行しない場合，相手方に対して，80万円を支払う。

【損害賠償の予定②】

1　甲または乙が，故意又は過失により，本契約条項に反して相手方に損害を与えたときは，その一切の損害（弁護士費用及びその他の実費を含む。）を賠償するものとする。
2　前項の損害の賠償は，100万円を上限とする。

---

⑥　**期限の利益喪失約款**

　期限の利益喪失約款とは，一定の事実が生じた時に，弁済期を到来させる条項をいいます。弁済期は，債務者に利益となる合意と考えられ，そうした債務者には，期限の利益があると考えられます。しかし，相手方の資力が悪

第2節　契約書の基本

化して弁済が期待できない状況になったとしても，弁済期が到来しないまま
にしていると，他方当事者にとって大きな不利益となるおそれがあります。
そこで，こうした期限の利益喪失約款が付される場合は少なくありません。

【期限の利益喪失約款】

　　甲または乙が，以下の事由の一に該当する場合は，その当事者は当然に本契
約及びその他相手方当事者との間に存する契約から生じた一切の債務につい
て，期限の利益を失い，直ちに債務全額の弁済をしなければならない。
　　一　本契約条項の１つに違反したとき
　　二　支払停止・支払不能の状態に陥ったとき，または，手形もしくは小切手
　　　　が不渡りとなったとき
　　三　監督官庁から営業停止，営業免許・登録の取消しを受けたとき
　　四　差押え，仮差押え，仮処分，強制執行，担保権の実行としての競売，租
　　　　税滞納処分その他これに準じる手続が開始したとき
　　五　相手方について破産，民事再生，会社更生，特別清算の手続が開始した
　　　　とき
　　六　合併による消滅，営業の廃止・変更または解散の決議をしたとき
　　七　災害，労働争議等，本契約または個別契約の履行を困難にする事項が生
　　　　じたとき
　　八　その他，資産，信用，支払能力の著しい低下があったとき，または，こ
　　　　れに影響を及ぼす営業上の重要な変更があったとき

⑦　守秘義務条項

　　守秘義務条項は，契約当事者間で，互いに開示された秘密を第三者に開示
することを禁止する取り決めをいいます。

　　会社と従業員との関係や，他社と協力して事業を実施する場合など，当事
者の一方から相手方に対して，企業秘密の開示を行うことが必要な場合があ
ります。そのため，契約期間中，されには契約終了後も対象として，守秘義
務を負う条項を設け，競争力の低下を防止する必要があります。

　　秘密保持の期間は，契約期間中だけに限定するのではなく，契約終了後（少
なくとも一定期間）は存続する旨を定めておくことが合理的といえるでしょ
う。

もっとも，守秘義務条項の実効性には限界があります。違反した事実や損害について，立証することは困難が伴いますし，情報は一度開示されてしまうと，その価値を失うことになります。そのため，守秘義務条項を設けるだけでなく，適切な秘密保持体制を整えることが不可欠であることに注意を要します。

【守秘義務】

1　甲及び乙は，善良な管理者としての注意義務をもって本契約に基づき相手方から開示された情報を管理し，第三者に開示してはならない。
2　前項の守秘義務は，以下のいずれかに該当する場合には適用しない。
　一　開示された時点で公知であった事実または当事者の責めに帰すべからざる事由によって公知となった事実
　二　開示後に正当な権限を有する第三者から取得した事実
　三　開示された時点で保有していた事実
　四　裁判所の命令によって開示を義務づけられ，または法令に基づいて開示が義務づけられている事実
3　甲及び乙は，本契約が終了したときは，開示された情報が記載・記録されている文書，ディスク，ＵＳＢその他すべての記録媒体及びその複製物につき，開示した当事者に返却しまたは破棄しなければならない。
4　甲及び乙は，本契約の終了後も，契約終了日から5年間は，他方当事者の書面による同意なくして，第三者に秘密を開示してはならない。ただし，第2項各号に定める事実は，この限りではない。

---

⑧　**競業避止条項**

競業避止条項は，主として契約の終了後に，当事者の一方が他方と競業関係にある事業等を行うことを禁止する取り決めをいいます。

契約自由の原則から，こうした競業避止条項も原則として有効です。実際，退職役員や従業員との間や，フランチャイズ契約，共同研究開発などで，競業避止条項はよく使われています。

しかし，競業避止条項は，守秘義務条項と比べても，相手方の負担（営業の事由の制約）が大きいため，公序良俗違反（民法90条）として無効とされるリスクがあります。競業避止条項の有効性は，当該職業の自由の重要性や

期間・場所の限定，保証の有無などを考慮して判断されます（山本敬三・民法講義 I〔第3版〕273頁）。

たとえば，職業の遂行自体を大きく制限する場合は，2年間程度の期間制限でも，競業避止条項が無効とされる可能性があります。期間・場所の制限で対応できない場合は，相応の補償を与えること（あるいは報酬中にこうした補償がどの程度含まれるかを明確化すること）も考えられます。

【競業避止義務】

> 乙は，本契約の終了後も，本契約が終了した日から1年間は，乙の書面による同意なくして，甲と競業関係にある事業または実質的に競業関係にある事業を行ってはならない。

⑨ 「反社」条項

契約の相手方が暴力団などの反社会的勢力に該当する場合に備えて，契約の解除権を留保しておくことがあり得ます。コンプライアンスの観点から，反社会的勢力との取引の根絶は，多くの企業に求められる基本的モラルとなっています。

【反社会的勢力排除条項】

> 甲は，乙または乙の執行役，取締役，業務執行社員，下請業者（下請が数次にわたるときはそのすべての下請業者をいう。）が次の各号のいずれかに該当する場合，何らの催告を要せず，直ちに本契約及び甲乙間に存するすべての契約を解除することができる。
> 　一　暴力団，暴力団員，暴力団員でなくなった時から5年を経過しないもの，暴力団準構成員，暴力団関係企業，暴力団関係企業，総会屋，社会運動等標榜ゴロ，特殊知能暴力団等，その他これらに準じる者であること
> 　二　前号に規定する者に資金等を提供し，または便宜を供与するなどの関与をすること
> 　三　甲及びその役員，従業員に対する暴力行為，不当な要求行為，風説の流布，業務妨害行為を行うこと
> 　四　その他各号に準ずる行為をすること

第3章
商法の基礎

　商法も会社においては不可欠な法です。日経新聞等を読むとコンプラという言葉が躍っていますが，コンプラの中心をなすのが商法，特に会社法の分野になってきます。商法については司法試験だけではなく公認会計士試験，行政書士試験等においても重要分野となっており，また，経営学や会計学とも密接な関連性を有しております。商法の理解を深めることによってビジネスマンとしての力が向上することは間違いありません。本章を読んで頂き，日々日経新聞等で情報収集されることをお勧めします。

第１節 はじめに

　日本経済新聞等を読んでいても，Ｍ＆Ａ，事業承継等，商法（会社法）に関係する記事を見聞きすることが多々あります。ここで「商法」とはどのような法律を意味するのか説明をしておきたいと思います。

●Column● **会社法の学び方**　column

　会社法を理解するためには経営学の基礎知識，財務会計の基礎知識が必要になってきます。経営判断の原則といっても経営ってどういうことか分からないとなかなか理解できないところでもあります。また，会社の計算についても単にＢＳやＰＬが必要だというだけでは何も始まりません。ＢＳやＰＬの内容を分析できて初めて会社をどう運営していくか考えることができるのです。会社法の勉強と関連して周辺分野も学習をしたいですね。

●Column● **現在の株主総会の状況**　column

　先日，各地の会社で株主総会が開催されました。現在の株主総会は昔のように総会屋が出てくることはなくなりましたが，他方で「シャンシャン」で終わるということもなくなりました。一般投資家の方が自らの考えを持って株主総会に出席され，堂々と意見を述べられています。会社側としましても理論武装した株主の皆さんに対応するのは大変なようです。事前の模擬総会を綿密に行っているようです。今後も物を言う株主さんが増加するんでしょうね。これこそが健全な会社の姿と言えます。経営者側もしっかりと仕事をしないといけませんね。

第2節 商法概説

1 民法と商法との関係について

　商法は一般法である民法の特別法であり、「商人の営業」及び「商行為その他商事」については、特別の定めがある場合を除いて商法が適用されることになっております（商法1条）。

　特別法が一般法に優先するといいます（図表3－1）

　ここで「商人」とは、自己の名をもって「商行為」をすることを業とする者をいいます（商法4条）。

　「商行為」には、絶対的商行為（商法501条）、営業的商行為（同502条）、付随的商行為（同503条）が存在します。

　我が国の商法では商行為という側面、商人という側面の両方向から商法が適用される場面を規律しております。以下では、少しだけ商行為の説明をさせて頂くことにします。

【図表3－1　民法と商法の関係】

2 絶対的商行為（商法501条）

　絶対的商行為は、「利益を得て譲渡する意思をもってする動産、不動産若しくは有価証券の有償取得又はその取得したものの譲渡を目的とする行為」をいいます（商法501条1号）。

通常，コンビニやショップ等で買い物をすることは，お店の人にとって見れば「商行為」に該当し，商法が適用されることになります。

3　営業的商行為（商法502条）

営業的商行為に該当する例として，商法502条8号は，「両替その他の銀行取引」を営業としてすれば「商行為」に該当することが規定されています。

ただし，貸金業者の貸付行為は，貸付業者がお金を貸すという与信行為だけを行い，お金を預けてもらうという受信行為が存在しないことから，上記「銀行取引」には該当しないと解されていますので，注意を要します。

4　附属的商行為（商法503条）

附属的商行為とは，「商人」（商法4条）が「その営業のためにする行為」であれば「商行為」にあたるとするものです（図表3－2）。

そこで，当該行為者が「商人」に当たるといえることが重要となるため，「商人」たる資格の取得時期が問題となってきます。

これにつき，争いはありますが，判例によれば，特定の営業を開始する目的でその準備行為をした行為は，客観的に外部から認識できる形で開業準備行為と認められれば，当該行為の主体は「商人」であると解されます（客観的認識可能説）。難しい話ですので，そのようなことが議論されているとだけ考えて頂けたら結構です。

【図表3－2　商法の適用】

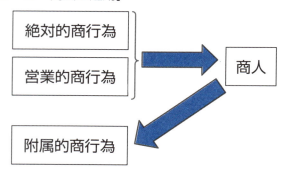

5 商行為に該当する場合の具体的効果

① 消滅時効の規定について

「商行為」に該当しますと，円滑かつ迅速に取引の安全を図るという商法上の要請により，民法では10年と規定されていた消滅時効の規定（民法167条1項）が5年に修正されることになります（商法522条）。

ただし，改正法では民法上の消滅時効の規定も5年に短縮されるため，同法522条の規定は削除されます。

② 法定利率について

「商行為によって生じた債務」については，年5％とされた法定利率（民法404条）が年6％に修正されることになります（商法514条，商事法定利率）。

③ 商事代理について

代理人が法律行為を行うにあたって要求される顕名主義（民法99条1項）は，商行為の代理においては「本人のためにすることを示さないでこれをした場合であっても」「その効力を生ずる」（商法504条）としています。

商法504条の規定により顕名を要することなく法律効果が本人に帰属するとの修正がなされているのです（図表3－3）。

【図表3－3　商事代理のイメージ】

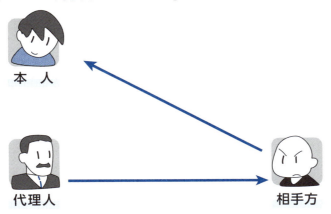

また，民法295条1項により個別的牽連性が要求された留置権の規定につきましても修正が施されています。商法521条によれば，「商人間においてその双方のために商行為となる行為」については，債務者との間の一般的牽

連性で足りるという修正がなされています。要は，商法を適用する方が留置権の成立範囲が広くなっているのです。

●Column● 会社法の条文数

　会社法の条文数はものすごく多いです。実務の世界では，会社法の規定だけでなく，会社法施行規則や会社法計算規則等も使うことになります。条文数を数えたら気の遠くなるような数です。とはいえ，他の科目と違い，論点の数はそれ程多いものではなく，どちらかというと条文を探しさえすれば解決できることが多いです。実務的には条文に慣れ親しむことが肝要です。私も株主総会等に立ち会う場面があります。細かい条文の手続きは知りませんので，そのつど条文を見ながら議事進行をさせて頂いております。特に会社法施行規則には必要な規定が掲載されており，どの辺りに条文が存在するかあたりがつけば何とかなるという側面があります。条文に強くなることにより自信を持って株主総会を進めていくことができますね。

第3節　会社法概説

1　商法と会社法との関係

　会社とは,「株式会社」,「合名会社」,「合資会社」,「合同会社」のことをいい（会社法2条1号），会社がその事業としてする行為及びその事業のためにする行為は，商行為（会社法5条）となります。

　また，会社法は会社の設立，組織，運営及び管理については適用されることになるため（会社法1条），会社の行為につき，会社法上に規定のない前第2節5で示した事項については，商法が適用されることになります。

　もっとも，商法と会社法が同様の事項を規定する場合には，当然に会社を主体とする会社法の規定が適用されることになります。

【図表3－4　会社法の位置付け】

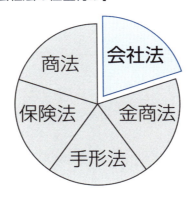

2 会社法の根幹

会社法は大きく分けて，①コーポレート・ファイナンス(資金調達)，②コーポレート・ガバナンス（資金），③組織再編（M＆A）から構成されます。この3つの分野が会社法の根幹といえます。

【図表3－5　会社法イメージ】

《　Ⅰ　コーポレート・ファイナンス分野　》

1　総説

コーポレート・ファイナンス分野は，企業の資金調達手段のみならず，企業の投資理論や配当施策を含んだ幅広いテーマを取扱う分野のことをいいます。

ただし，中心分野はあくまでも企業の資金調達手段の確保にありますので，会社法上の規定にある募集株式の発行（会社法199条以下），新株予約権の発行（同236条以下），社債の発行（同676条以下）を中心に学習をすると良いでしょう。

2　募集株式の発行について

募集株式の発行は，会社法199条以下にその手続きに関する規定がなされています。

募集株式の発行は，会社が金融機関から借り入れる場合や社債を発行する場合と異なり，株式を増やすことになるため，既存株主の利益に対して影響を与えることになります。

この影響には、(1)既存株主の経済的利益の影響、及び、(2)既存株主の支配的利益の影響という2つの側面があります。

(1) 既存株主の経済的利益の影響

ある会社が1株100円で100万株を発行した場合、現在の株主の持株比率に応じて割り当て、資金を調達することになります。

このような場合、当該株式が1株いくらで発行されようが、既存株主の利益には基本的に影響を与えません。したがって、会社法は原則として既存株主の保護を図る規定を置いておりません。意外と注意すべき点ですね（国家試験でもよく出題されるところです。）。

もっとも、株式会社が新たに発行する株式を、現在の株主の持株比率に応じて割り当てることをせず、特定の者のみに対して割り当てたり、あるいは不特定多数の者に対して株主となる者を募集したりする場合はどうでしょうか。実際よくある問題です。

この場合、既存株主が持株比率に応じた割り当てを受けられないことになると、株主たる地位というのは割合的単位ですから手元にあった株式が目減りしてしまうことになります。

また、株主割当以外の方法で、現在の価値を下回る価格で新株が発行されると株式の割当てを受けられない既存株主は、株式の経済的価値の希釈化という影響を受けることになります。会社法では、このような影響のある新株発行を特に「有利発行」と呼んでおり、「有利発行」を行う場合には株主総会の特別決議による承認を求めることにしています（会社法199条2項・3

項，同 201 条 1 項）。

(2) 既存株主の支配的利益の影響

　発行済株式総数が 100 万株の会社において，10 万株を保有する株主がいたとします。当該株主の持株比率は 10％ になります。当該株主は，株主総会において 10％ の議決権を行使することができます。

　ところが，当該会社において，第三者割当の方法で，新たに 100 万株の新株発行がなされた場合，当該株主は新株の割当を受けられない結果，持分比率は 5％ に低下します。

　たとえ適切な払込金額で新株が発行され，当該株主に経済的価値の希釈化という不利益が生じなかったとしても，株主総会における議決権の割合が低下するという影響が生じることになります。

　しかし，このような支配的利益に対する影響を一切排除しようとすると，新株発行は，株主割当ての方法で行わなければならなくなり，新株発行による資金調達は限られた場合にしか行えないことになります。そこで，会社法では，株主の持ち株比率の維持に関する利益への影響については原則として直接の保護の対象とはしていません。ただし，当該新株発行の主要目的が会社支配権の維持にあり持分比率に影響を与えると認められる新株発行についてだけ，不公正発行（会社法 210 条 2 号）として差止めの対象とし，一定の範囲での救済を図ることとしています。

3　新株予約権の発行（会社法 236 条）について

　新株予約権とは，会社に対して行使することにより，株式の交付を受けることができる権利であり（会社法 2 条 21 号），権利者は，新株予約権を行使することにより会社の株主となります。実務ではストック・オプションといいます。

　具体例で見ましょう。ある会社が新株予約権 1 個につき，権利行使期間に当該会社の 1 株あたり 12 万円で 1,000 株まで取得することのできる新株予約権を発行したとしましょう。このとき現在の当該会社株式の市場価格が 1 株 10 万円である場合，新株予約権者は，権利行使期間内に当該会社の市場価格が 12 万円を超えることがあれば，権利行使をして株式の交付を受け，それを市場で売却すると売却益を得ることができます。

仮に，当該会社の市場価格が 12 万円を超えることがなければ，新株予約権は権利を行使しても損をするだけなので，権利行使しないという選択をすることになるでしょう。

このように，新株予約権は，会社に対する一種の株式取得の権利であり，新株予約権者は，会社による新株割当ての手続きを経ることなく，その権利の行使及び払込みにより当然に株式の交付がなされて株主となるのです。

4　社債の発行（会社法 676 条）

社債による資金調達は，金融機関を介して会社が外部資金を調達する方法とは異なり一般投資家から直接に資金を借り入れるものです。

多額かつ長期の資金調達が可能になるほか，外部から直接に資金を調達する社債の方が，通常は金融機関から借入れよりも低いコストでの資金調達が可能となります。

社債の発行は，会社が一般投資家から直接に資金を調達する制度であるという点で，経済的機能及び法律上の技術的な仕組みとの関係で募集株式の発行と類似点を有します。

もっとも，社債は，株式の場合と異なり，①確定額の利息の支払いを受け，②清算手続において株式に先立って元本と利息の弁済を受けることができます。

また，③社債は，償還期間が来れば償還を受けることができるのに対し，株式が会社の存立中には原則として会社からの払戻しを受けられないといった違いが生じます。

《 Ⅱ　コーポレート・ガバナンス分野 》

1　総説

　コーポレート・ガバナンスとは，会社が法令を遵守し，効率的に運営されることが求められるために，実際にそのような業務執行がなされるよう業務執行者をコントロールしたり，モニタリングする仕組みや体制のことをいいます。

　具体的には，①権限分配の仕組み（会社法がどの機関にどのような権限を与えているか），②利害調整の仕組み（与えられた権限が適切に行使されるかどうかをどのように監視・監督させているか）を検討することになります。

2　権限分配の仕組みについて

(1)　株主総会について

　株主総会とは，株主の集合体により行われるものであり，株主の総意によって会社の意思を決定する機関のことをいいます。

　当該株主総会は，出資者である株主の総意に基づく以上，会社経営によるあらゆる事項について決定できて当然と思われるかも知れません。しかし，機関設計において大多数を占める取締役会設置会社では，株主総会は，取締役の選任・解任や合併などの会社経営に関する基本的な事項だけを決定する機関と位置づけられています（会社法 295 条 2 項）。

　所有と経営の制度的分離を進めることにより，機動的・合理的な会社経営を確保するという点にあります。多数の株主が場合によっては頻繁に入れ替わることも想定される取締役会設置会社では，日常的な業務についてまで，いちいち株主総会を開いて意思決定をしていたのでは，機動的・合理的な会社経営を確保できない可能性があるからです。

(2)　取締役，取締役会，代表取締役について

　日常的な業務について意思決定と業務執行の機関として，会社法は自然人からなる取締役という機関を設けています。そして，取締役に日常的な業務についての意思決定と業務執行を委ねることで，株式会社では機動的・合理的な経営が可能となります。

　もっとも，出資者である株主とは異なり，取締役には，会社の価値を最大化する十分なインセンティブがあるとは限りません。そのため，手を抜いたり自

らの利益を会社の利益に優先させるなど，取締役が会社ひいては株主の利益に合致する行動を取らないおそれも否定できないところです。そこで，会社法は，権限を委ねられた取締役を監視・監督する目的で，株主の集合体である株主総会に取締役の選任権と解任権を与えています（会社法329条1項・同339条1項）。

(3) 監査役，監査役会について

監査役は，株主に代わって，取締役や代表取締役の職務の執行を監査することが任務である以上，取締役や代表取締役からは一定程度独立していることが必要となります。そのため，監査役の選任・解任は株主総会が行い（会社法329条1項・同339条1項），また，監査役は株式会社の業務執行に従事する者を兼ねることはできません（会社法335条2項）。

さらに，大会社でかつ公開会社でもある会社では，監査機能の向上を目的として，3人以上の監査役（会社法335条2項）からなる監査役会の設置が義務づけられています（同328条1項）。

(4) 会計参与，会計監査人

また，会社法は，計算書類の内容の適正を確保するために，取締役と共同して計算書類の作成を専門に行う機関として，会計参与という機関を設けています。この会計参与は，公認会計士若しくは監査法人，または税理士若しくは監査法人が行うことになります（会社法333条1項）。

会計監査人は，会計参与と異なり，計算書類の作成ではなく監査を行うことを任務とします。また，任意の機関である会計参与とは異なり，大会社においては会計監査人の設置は義務となります（会社法328条）。

3　利害調整の仕組み

(1) 総説

会社法では，上述で示した権限分配の仕組み，すなわち，会社法がどの機関にどのような権限を与えられているかにつき，憲法分野で学ぶ統治機構の権力分立の仕組みと同じような形を取っています。

すなわち，株主が当該会社の所有者であることから，統治機構において主権を有する「国民」に位置することになります。また，この株主の集合体である株主総会こそが，最高意思決定機関であるため，「国会」の役割を果たしてい

るといえます。加えて，取締役会は，当該会社における重要な決定を行うものであるため，「内閣」の役割を果たしているといえます。

さらに，監査役は，取締役や代表取締役の職務の執行を監査するための機関として機能するため，「裁判所」の役割を果たしているといえます。

⑵　具体的検討

会社法が１つの会社において，統治機構のような複雑な機関設計を要求する趣旨は，大きくいうと，２点あげることができます。

１点目は，機動的・合理的な会社経営の確保を図る観点を挙げることができます。会社法は，この観点に基づいて，会社経営上の様々な事項について機関相互間で決定権限の分配が行われています。特に，取締役会設置会社については，株主総会は基本的な事項の決定権限しか有しておらず，業務に関する決定と執行の権限の多くは，取締役ひいては代表取締役に委ねられるといえます。

すなわち，上記の権限分配の仕組みでも少し見たように，本来，所有者である株主の総意を示す株主総会の意思決定を第１に尊重すべきといえそうですが，経営に関しては素人である所有者に任すよりもプロ集団である取締役会の意思決定に任せるという，所有と経営の制度的分離を進めることの方が，機動的・合理的な会社経営を確保することに繋がると考えている点にあります。

さらに，取締役会設置会社においてはすべての会社業務について常に複数の取締役による合議が行われ，その結果，慎重な検討を経た決定を得なければならないとしてしまうと，結局，機動的な会社経営を実現できなくなってしまうおそれが生じます。

そこで，会社法は，取締役の中から代表取締役を選定し，重要な業務については取締役会で決定するものの，その他の業務については，代表取締役に決定と執行の権限を委ねることを認めています（会社法362条３項４項・同363条１項１号）。

２点目は，監視・監督の実効性を確保する観点を挙げることができます。会社法は，この観点に基づいて，株主総会に取締役の選任・解任の権限を与えるとともに，取締役会や監査役に代表取締役の業務執行に対する監督権限を与えています。

すなわち，取締役設置会社では，株主自身は株主総会において会社経営に関する基本的な事項について決定する権限を有するにとどまり，上記１点目で示

したように，それ以外の会社経営に関する事項の決定と執行は，取締役，取締役会または代表取締役に委ねるという仕組みが採用されています。

　もっとも，取締役や代表取締役は会社の出資者であるとは限らないため，彼らに会社の価値を最大化する十分なインセンティブがあるとは限りません。

　そこで，取締役や代表取締役の職務の執行を監視・監督する仕組みが必要になります。その仕組みの一つとして，株主総会には取締役の選任・解任の権限が与えられており，こうした権限の行使を通じて，取締役の不当な行為をある程度は抑止することができます。このほか，一定の要件を満たした株主には，取締役の職務の執行に対する監督是正権が与えられています。また，代表取締役の業務執行に関しては，代表取締役以外の取締役に監督権限が与えられています。したがって，少人数・小規模な会社であれば，株主や代表取締役以外の取締役による権限行使を通じて，取締役や代表取締役の職務の執行を監視・監督することで十分と考える余地もあります。

　しかし，株主の数が多くなったり，会社の規模が大きくなったりすると，株主が直接に監視監督することに限界が生じてしまいます。また，代表取締役以外の取締役による監視・監督は，取締役間の同僚意識に基づくなれ合いなどによって，十分に機能が生じないおそれがあります。

　そこで，会社法は，取締役や代表取締役の職務の執行を監査するための専門の機関として，監査役という機関を設けています（会社法381条）。

《　Ⅲ　組織再編分野　》

1　スキームの設定について

　会社を買収する場合には多くのスキーム（計画）があり，事業戦略上の観点はもとより，法律，税務，会計などの様々な観点から検討を行って，最善のスキームを設計することが求められています。実務上，頻繁に利用されるスキームとしては，（ⅰ）株式を取得するスキーム（EX. 株式移転，株式交換等），及び（ⅱ）対象会社を事業承継により買収するといったスキーム（EX. 吸収分割，事業譲渡，合併等），を挙げることができます。

2　債権者保護の観点について

　上記組織再編が行われると，当事会社の債権者に対して不利益を与える可能性が生じます。具体的には，当該組織再編が行われるまでは，財務状態が良かったにもかかわらず，債務状態の悪い会社を取り込んだことにより債務状態が悪化したことにより，債権者が債務の履行を受けることができなくなることが考えられます。ただし，債権者に不利益を生じさせる可能性がある組織再編を合併することで競争力を大きくし，破綻した会社を救済することができる可能性から，会社法は，会社債権者に阻止することを認めず，債権者保護手続を用意する型を取っています。

　当該債権者がこの異議手続の規定に則り，異議を述べたときは，会社は，弁済，担保の提供などを行い，会社債権者を満足させる必要が生じます。

　また，会社は，異議を述べるかを判断するに当たっては，当該スキームに関する具体的内容に関する情報を得る必要があります。そこで，会社は，当該スキームに関する書面を，債権者異議手続に間に合うように，事前に本店に備え置かなければならないことが規定されており，会社債権者は，会社に対して，この書面の閲覧や謄写を請求することができる旨が規定されています。

　加えて，会社債権者は，当該組織再編の効力が発生した以降，事後的に救済を求めるしかない場合も考えられます。このような場合には，無効確認の訴えを提起することが考えられます。

3　株主保護の観点について

　組織再編が行われると，当該会社の株主にも，不利益を与える可能性があります。財務状態の良い会社の株主であったにもかかわらず，合併等の組織再編が行われた結果，当該会社の財産状態が悪くなり，当該会社が倒産して，持ち株の価値がゼロになってしまう可能性もあり得ます。ただし，株主全員の同意がなければ組織再編が行えないとすると効率的な組織再編が妨げられてしまうため妥当ではありません。

　そこで，会社法は，組織再編そのものは，原則として株主の多数決で決定させつつも，反対意見を持つ株主の利益を保護するための手続きを用意しています。

4 敵対的買収とその防衛策

　敵対的買収とは，対象会社の経営者の賛同を得ずに当該会社を買収すること
をいいます。

　自社が敵対的買収のターゲットとされた場合，当該会社は，従来，買収防衛
策として，友好的な株主に第三者割当ての方法で募集株式の発行を行うことが
考えられています。

　この場合，当該行為は買収者の持株比率を低下させるものであることから，
当該募集株式の発行が不公正発行（会社法210条2号）を理由とする差止仮処
分が申立てられることになります。

　「著しく不公正な方法により行われる場合」（会社法210条2号）の判断にお
いては，裁判例上，不当な目的を達成するために募集株式の発行が行われたか
どうかという基準に依拠しており，目的が複数ある場合には，そのうちの主要
な目的に着目して不公正かどうかを判断する主要目的ルールが用いられていま
す。当該募集株式の発行においても資金調達目的と支配権の争奪・維持目的の
どちらが主要目的であるかを判断し，不当な目的に該当するかどうかを決する
ことになります。

　また，近時では，買収防衛策として新株予約権無償割当て（会社法277条）
や募集新株予約権の発行（会社法238条）が用いられることが多くなっていま
す。

　この場合も，買収者から不公正発行（会社法247条2号）を理由とする差止
仮処分が申立てられることになりますが，上記の新株発行の場合と異なり，こ
の場合は，会社支配権に及ぼす目的が比較的明らかである一方，資金調達目的
は比較的認められにくいため，上記の主要目的ルールを適用することは難しい
といえます。

　そこで，近年の裁判例は，当該新株予約権の発行は原則的に不公正発行とし
て差止請求が認められるものの，ただ例外的に，株主全体の利益保護の観点か
ら当該発行を正当化する特段の事情がある場合には差止めが認められない場合
があるとの判断をしています。具体的には，「敵対的買収者が真摯に合理的な
経営を目指すものではなく，敵対的買収者による支配権の取得が会社に回復し
難い損害をもたらす事情があることを会社が立証した場合」には特段の事情が
認められると判断しています（東京高判平成17年3月23日）。

●Column●　今後の会社法改正

　令和元年，会社法改正法案の検討がなされています。早ければ令和２年施行ということになっております。内容的には日産自動車の問題等とも少し絡んできているようです。ポイントは，①株主総会資料の電子提供制度の導入，②株主提案権の行使を制限する，③会社役員の報酬に関する情報開示，④社外取締役の義務付けというものです。どれをとっても実務的には重要な改正であり，しっかりと確認をしたいものです。社外取締役制度については賛否両論のあるところでもありますが，上場企業ではしっかりと対応をすることが求められています。今後の動きが気になるところですね。

第4章
消費者法概説

　近時，消費者法に関する相談事例も増えており，ビジネスパーソンとして消費者法に関する知識も不可欠な時代になっております。ただ，書店で類書を探しても難解なものが多く理解が進まないのも事実です。そこで，本書によって消費者法の基礎を理解して頂きたいと考えた次第です。本分野につきましては消費者庁の動きが非常に重要になってきますので，情報収集に努めることも重要ですね。

第4章 消費者法概説

第1節 現代社会に潜む様々なトラブル

1 全国で報告される消費者トラブル

　各地の地方公共団体は，ホームページで，消費者トラブルについての特集を組んでいます。それだけ，ここで挙げるようなトラブルが日常頻発しているということです。

　したがって，現在の日本社会では，こうした消費者トラブルに巻き込まれる危険はすぐ身近にあると考えてよく，各人がこれに備えておくことが必要です。

ア　ワンクリック詐欺
　アダルトサイトなどでターゲットを集めるものです。突然パソコンの画面がフリーズ等して警告文が表示されるため，焦ってしまう人が少なくないようです。

　画面に電話番号が表示されても決して電話してはいけません。

イ　デート商法
　異性の販売員が，目的を隠して近づいてきます。親しくなったところで，高額の商品を売りつけたりします。

ウ　キャッチセールス
　駅前などでアンケートに協力してほしいなどと声をかけてきます。事務所などに連れて行き，帰れない雰囲気を作って，高額の契約を結ばせたりします。

エ　マルチ商法
　組織に加入して，友人等を紹介すると対価がもらえるというものです。「絶対，儲かる。」などとしますが，儲かるのは初期に加入した幹部クラスのみです。その実態は，人間関係を清算させる恐ろしいものです。

オ 資格商法

出世に必要，簡単に国家資格を取ることができるなどとして勧誘します。実態は，高額の教材を売りつけるものです。取得した資格も，役に立たないことが多いものです。

カ 送りつけ商法

カニなどを一方的に送りつけて，後から料金を請求するものです。業者に引き取りを要求した場合は7日間，そうでなければ14日間の保管義務がありますが，その後の廃棄は自由です。

キ 内職モニター商法

モニターになれば，簡単に高額の収入があるなどとするものです。実際には高額の登録料等が要求されます。

2 消費者被害に遭わないために留意すべきこと

まずは，こうした消費者被害に遭わないための心構えを見ていきましょう。

第1に，署名・押印は慎重に行うべきことがあります。署名・押印を行うことによって，様々な意思表示を行ったことの証拠となり，法的責任を生じることがあります。内容を理解しないままに，こうした行為を行うべきではありません。

第2に，断る時は，はっきりと言うことがあります。「結構です。」「いいです。」など，解釈の余地がある言葉を使うと，悪質な業者がつけこむ隙となることがあります。意思表示は明確に行うことが肝要です。

第3に，うまい話には裏があるのではないか，冷静に考えることが大切です。そんな甘い話は現実には存在しません。美味しい話は，基本的には嘘であることをベースに考えるとよいでしょう。

第4に，迷ったら一人で悩まず相談することです。自分ひとりで抱え込むと精神的に追い詰められたり，時間を要して手遅れになる懸念もあります。迷ったら，各地の消費者センターや弁護士に相談するということを徹底してください。

第2節 法律によるトラブルへの対処

1 法の規律→補完の必要性

　個人は，国家の介入を受けることなく，自由に契約を結ぶことができます。これを**契約自由の原則**といいます。これは，経済的合理的な個人を想定し，こうした個人間での契約（合意）は，自己決定に基づく自己責任として，原則として有効にしようとするものです。

　しかし実際には，十分に判断できない状況下での合意や専門知識に差がある者の間の契約等があり，民法が想定する対等当事者間での決まりだけでは，十分な解決に至らない事態が生じました。そこで，消費者契約法等の消費者法が定められるに至り，こうした不都合の緩和が図られています。

　換言すると，消費者契約法等の消費者法は，**対等な当事者間の合理的な判断による契約といえない場合**に，当事者間の情報の格差などを考慮して，適切な規律を加えるものといえます。

2 消費者契約法による保護

　消費者契約法は，消費者の利益の保護のために，以下の規律を設けています。

　ア　取消権

　以下の事情がある時は，消費者は，**契約を取り消す**ことができます。取消しによって，消費者の意思表示は契約を結んだ時に**さかのぼって無効**となります（民法121条）。

　①　**不実告知**

　　事業者が，消費者契約の勧誘に際し，**重要事項について事実と異なること**を告げ，消費者が事実と誤認した場合（消費者契約法4条1項1号）。

　　重要事項とは，物品，権利，役務（サービス）の〔1〕質・用途等（消費者契約法4条5項1号），〔2〕対価等の条件（同項2号）といった消費者が契約を締結するかの判断に通常影響を及ぼすべきものや，〔3〕消費者の生命，身

体，財産等の損害，危険の回避のために通常必要であると判断される事情（同項3号）をいいます。

② **断定的な判断の提供**

事業者が，消費者契約の勧誘に際し，消費者契約の対象となる物品，役務（サービス），権利について，将来の価額等不確実な事項について，**断定的な判断**を示し，消費者が確実と誤認した場合（消費者契約法4条1項2号）。

③ **不利益事実の不告知**

事業者が，消費者契約の勧誘に際し，消費者の**利益となる旨**を告げ，かつ，**重要事項について不利益となる事実を故意に告げなかった**ことにより，消費者が不利益となる事実がないと誤認した場合（同条2項）。

ここにおける**重要事項**の意義は，①で触れたとおりです。

④ **不退去等**

事業者が，消費者契約の勧誘に際し，住居または消費者が業務を行っている場所から退去すべき意思を示されたのに，**退去しない**こと（同条3項1号）。あるいは，消費者が退去する意思を示したのにその場所から**退去させないこと**（同項2号）。

⑤ **過量取引**

事業者が，消費者契約の勧誘に際し，当該消費者にとっての**通常の分量を著しく超える**ものであることを知って，消費者契約を結ばせた場合（同条4項）。

これは，高齢者の判断力の低下につけ込んで，不要な商品を大量に購入させる事案等に対処するための規律です。

なお，取消権は，追認（事後的に契約を有効とする意思を示すこと）できる時から1年で**時効**によって消滅します（消費者契約法7条1項前段）。また，消費者契約締結から5年を経過した時も同様とされます（同項後段）。事業者が行う取引ですから，取引関係を安定させる必要があるため，迅速な対応が必要とされています。

イ　不当条項の無効

信義に反して消費者の利益を一方的に害する（任意規定よりも消費者に不利

な）条項は無効とされます（消費者契約法10条）。

　ただし，信義に反して消費者の利益を一方的に害するかについては，比較的厳密な判断がされていますので，広く不当条項が無効とされているわけではありません。

　たとえば，「消費者契約である居住用建物の賃貸借契約に付された敷引特約は，当該建物に生ずる通常損耗等の補修費用として通常想定される額，賃料の額，礼金等他の一時金の授受の有無及びその額等に照らし，敷引金の額が高額に過ぎると評価すべきものである場合には，当該賃料が近傍同種の建物の賃料相場に比して大幅に低額であるなど特段の事情のない限り，信義則に反して消費者である賃借人の利益を一方的に害するものであって，消費者契約法10条により無効となると解するのが相当である。」としたうえ，当該事案における敷引特約は有効とされた例があります（最判平成23年3月24日）。この判断では，通常損耗等の補修費用として通常想定される金額等について，消費者側で立証する必要がある表現となっており，実質的で厳密な立証なくして保護されるべき消費者法の保護としては後退しているとの評価があり得ます。

　こうした消費者契約法10条により一般的な保護に加えて，個別的な不当条項規制もあります。まず，**免責・責任制限条項**の規制として，事業者の債務不履行により消費者に生じた損害を賠償する責任の全部を免除する条項などが無効とされます（消費者契約法8条）。

　次に，消費者の**解除権を放棄させる**消費者契約の条項は無効とされます（消費者契約法8条の2）。この規定は，解除権によって消費者の権利利益を保護しようとする消費者契約法の趣旨に反しますから，こうした明文が置かれる前から，消費者契約法10条によって無効であったと考えることができます。しかし，これをあえて明文化することによって，当該規定が無効であることを明らかにするものです。

　さらに，消費者が支払う**損害賠償の額を予定**し，または**違約金**を定める条項が無効とされる場合があります（消費者契約法9条）。ここでは，消費者契約の解除に伴って事業者に生ずべき**平均的な損害の額**を超える場合，当該超える部分が無効とされる（消費者契約法9条1号）などのルールが定められています。

ウ　消費者団体訴訟制度

　消費者団体訴訟制度とは，内閣総理大臣から認定を受けた**適格消費者団体**が，事業者等に対して，消費者契約法の定める不当表示，不当勧誘行為，不当条項使用行為について，差止その他の必要な措置を求めることを認める制度をいいます（消費者契約法12条）。

　同様の制度は，景品表示法（同法30条），特定商取引法（同法58条の4ないし9），食品表示法（同法11条）にも定められています。

　消費者被害は広く社会に散在することがあり，個々に請求をすれば認容されるような場合でも，それぞれの損害額が大きくない場合は，費用倒れに終わることがあります。そうすると，明らかに違法な行為があるにもかかわらず，費用が見合わないために，差止訴訟による権利救済が断念される場合が懸念されます。たとえば，消費者法に違反する行為によって8,000人の被害者がそれぞれ1万円の被害を受けている場合，それぞれの被害者が訴訟を提起すれば勝てるとしても裁判費用には見合わないことになってしまします。こうした違法行為をやめさせるためには，適格消費者団体を認めて，代表して訴訟を提起させることが有効と考えられたため，設けられた制度です。

3　特商法による保護

　消費者にとって不意打ちとなる訪問販売や電話勧誘販売によって消費者が被害をうける事態やマルチ商法が社会問題となったため，昭和51年に**訪問販売法**が定められていました。しかし，こうした規制で十分ではなく，新たな商品についての消費者被害の増加などを受けて，随時法改正がなされてきました。さらに，平成12年業務提供誘引販売取引に関する規律などが設けられるとともに，法律名も「**特定商取引に関する法律**」（特商法）に改められました。

　特商法は，購入者等を保護するものですが，その範囲は消費者と重なるところが大きいため，消費者保護法としての性格が強い法律であるといえます。

ア　規制対象行為（特商法1条参照）

　特商法は，規制対象行為を列挙していますが，それぞれの行為の定義はテクニカルな定め方をしており，一般消費者にとって理解しやすいものとはなって

おりません。これは，規制の効果が強いため，過大な規制とならないように慎重な定め方をされていることによります。

　また，通常の法律では，定義規定は，法律の前半にまとめられる傾向がありますが，特商法では，規制類型の冒頭に分かれて定義づけがされていることもあり，規制対象行為の全体像が見えにくくなっていますので，注意を要します。

①　訪問販売
訪問販売とは，
ⅰ　営業所等以外の場所での商品・役務（サービス）等の契約を結ぶこと
ⅱ　営業所等において，営業所等以外の場所で呼び止めて営業所等に同行させた者等の特定顧客と商品・役務（サービス）等の契約を結ぶこと
をいいます（特商法2条1項）。

　実態としては，浄水器や高級羽毛布団の販売，シロアリ駆除や屋根の修繕等のリフォームを行うという点検商法など，日常的にトラブルとなることが多く，社会問題となってきました。

②　通信販売
　通信販売は，郵便やメールなどの手段によって相手方から契約の申込みを受ける場合で電話勧誘販売に該当しないものをいいます（特商法2条2項）。

　通信販売は，電話勧誘販売と異なり，消費者から主体的に電話等で契約を申し込む点に特徴があります。

　通信販売には，クーリング・オフの規定がありません。

③　電話勧誘販売
　電話勧誘販売は，事業者から電話をかけて契約の締結を勧誘する行為や，販売目的を告げないで電話をかけて勧誘する行為をいいます（特商法2条3項）。

④　連鎖販売取引
　連鎖販売取引とは，商品販売や役務（サービス）の提供をする事業であって，**特定利益**を得られると誘引して，**特定負担**をさせる取引をいいます（特商法33条）。いわゆるマルチ商法を規制するものです。

ここで特定利益とは，組織内の下位の者が支払った金銭の一部が上位の者に分配される利益をいいます。また，特定負担とは，新規に入会する時やより上位のランクに昇格する時に払う取引料や商品購入代金などをいいます。

こうした連鎖販売取引においては，下位の者から上位の者が利益を吸い上げる構造となっており，より初期に組織に属した者が後に組織に属した者から利益を収奪するものとなっています。そして，後に組織に属する者は，こうした実態について十分な理解をしないまま取引に入ることが少なくないため，予想外の損失を負担させられるおそれがあります。

⑤ **特定継続的役務提供にかかる取引**

特定継続的役務提供とは，役務（サービス）の提供を受ける者の身体の美化または知識・技能の向上その他**心身等に関する目的**を実現させることをもって誘引が行われるもので，その性質上**目的実現が確実でなく，有償で継続的**に提供される役務で，**政令で定められる**ものをいいます（特商法41条）。

政令では，エステティック，語学教室，家庭教師，学習塾，パソコン教室，結婚相手紹介サービス，美容医療が定められています。このうち，エステティックと美容医療は，1カ月を超えるもので，5万円を超えるものが対象です。それ以外については，2カ月を超えるもので，5万円を超えるものが対象です。

限定的な列挙であることに特徴がありますが，時代とともに少しずつ対象行為が増えてきています。

⑥ **業務提供誘引販売取引**

業務提供誘引販売取引は仕事を提供するので収入を得ることができるという口実で，相手方を誘引し，仕事に必要であるとして，商品等を売って金銭負担を負わせる取引をいいます（特商法51条）。

⑦ **訪問購入にかかる取引**

訪問購入は，事業者が消費者の自宅を訪問して，物品の購入を行う取引をいいます（特商法58条の4）。

イ　規制内容

規制の態様は，各規制類型に定められていますが，全体としてみれば，以下のような規制があります。

(ア)　行政的な規制

① 氏名等の明示

事業者は，勧誘開始前に，事業者名や勧誘目的であることなどを告知することが義務づけられています。

② 不当な勧誘行為の禁止

③ 広告規制

④ 書面交付義務

(イ)　私法的な規制

① クーリング・オフ

訪問販売や電話勧誘販売では契約書を受け取ってから8日以内，連鎖販売取引等では20日以内に解約の意思表示を書面で行うことが必要です。

② 取消し

③ 損害賠償額等の制限

第 5 章
労働法の基礎

　御存知のとおり働き方改革法が施行されました。一方で具体的な対応策を講じていない企業もまだまだ多いようです。特に有給休暇については業態によっても取扱いに苦慮するところであり，経営戦略と対をなして対応策を講じていくことが必要になってきます。また，近時，人事に関する問題もクローズアップされています。経営者の視点からみれば非常に悩ましい問題ですし，対処を誤れば会社の存続にもつながってきます。本書ではそのような労働法分野について分かり易く解説させて頂きました。

第5章 労働法の基礎

━ 第1節 ━ 序論

　「労働法」は「労働」を通じて成立する人の関係について定める法の分野をいい，実際に「労働法」という法律があるわけではありません。

　この労働法の分野をさらに分類すると，以下のような3つの視点で分けることができます。

① 使用者（働かせる側・経営者）と労働者（働く側）との契約や労働条件の基準などについて定める法律

② 労働者の団体（労働組合）に関する法律

③ 労働市場（求職や求人など雇用全般）に関する法律（たとえば，雇用対策法，職業安定法など）

　実際に人が，就職活動をし，就職し，仕事をする際には，このように分類される様々な法律に同時並行して関係していくことになります。

　本来，個人であっても法人（企業）であっても人と人との関係は，「契約自由の原則」「過失責任の原則」などの原則の適用が大前提となっています。つまり，人と人とは（公の秩序や強行法規に反しない限り）自由にその契約の内容を決め，契約を結ぶことができるとされています。また，誰かに損害が発生した時に，故意や過失があれば責任を負うけれども，故意や過失がなければ（結果責任であれば）責任を負わないとされています。

　しかし，労働の分野では，使用者＝「働かせる側，賃金を払う側」が労働者＝「働く側，働かせてもらう側，賃金をもらう側」に指揮命令をする関係が継続するという特殊な構図のもとで，契約自由の原則や過失責任の原則をそのまま貫くと，労働者が過酷な環境に置かれるという弊害が現実に起こってきました。このような歴史の中で，これらの原則を修正しながら労働法の分野は発展してきました。そして，現在も労働法分野で新たな法律が制定され，または既存の法律の改正が為されているのです。

　本書では，労働法分野のうち労働者にとって特に身近な問題である労働条

件・待遇や採用・懲戒・解雇に関わる法律である労働基準法及び労働契約法について，特に基本的な考え方，重要な事項を概説していくとともに，最新の改正にも触れていきます。

1 労働基準法

労働者は，賃金が欲しいという立場上，労働条件が悪い，あるいは，労働条件が曖昧であっても，使用者にいわれるままに働くことに合意することがあります。

そこで，労働基準法は，労働者を保護するために以下のような効力を有しています。

① 私法的効力 労働条件の最低基準を定め，それに違反する部分を無効にし（強行的効力），法律で定めるとおりになる効力（直律的効力）。

② 刑事的効力 労働基準法に定める基準に違反した場合，刑事的制裁を受ける場合がある（労働基準法 第13章 罰則）。

③ 行政法的効力 労働基準法は第11章に監督機関についての章を置き，労働基準監督官らが企業の営業所や工場などを監督し，労働条件や労働環境が法に違反している場合にはこれを是正するために命令や指導等を行うこととされている。

2 労働契約法

(1) 労働基準法との関係

労働契約法は平成20年3月から施行された労働法の世界では比較的新しい法律です。

もともと，企業（使用者）と労働者の個別の契約関係をめぐって紛争が生じた時には，それぞれの事案の判例が蓄積されて形成された「判例法理」を当てはめて判断することが一般的となっていました。そこで，個別の労働契約関係のルールを明確にするために，労働契約の基本的な理念及び労働契約に共通する原則や，判例法理に沿った労働契約の内容の決定及び変更に関する民事的なルール等を一つの体系としてまとめるべく，労働契約法が制定されました。

労働基準法は，労働条件の基準（最低労働基準）を設定し，罰則なども定めら

れているものですが，労働契約法は，労働基準法を前提として，労働条件が定められる労働契約について，基本的事項を定め，労働契約に関する民事的なルールを明らかにしているもので，労働者及び使用者の合理的な行動による円滑な労働条件の決定又は変更を促し，また，個別の労働関係の紛争の迅速かつ適正な解決を図ることを目的としているものです。

(2) 民法上の「雇用」規定との関係（民法 623 条）

（雇用）

民法 第623条　雇用は，当事者の一方が相手方に対して労働に従事することを約し，相手方がこれに対してその報酬を与えることを約することによって，その効力を生ずる。

　ここで想定されている雇用契約は，対等な立場の人同士がその自由な意思によって合意されるものを想定しています。しかし，現実には交渉力に差のある使用者と労働者の間で雇用契約が締結をすることになり，労働者が過酷な条件を呑まされるリスクがあります。そこで，このような雇用契約を「労働契約」として労働基準法や労働契約法などで規制がされているのです。

第2節 労働基準法・労働契約法の概要

1 「労働者」とは？

そもそも，「労働者」とは誰なのでしょうか。

（定義）

労働基準法 第9条 「労働者」とは，職業の種類を問わず，事業又は事務所（以下「事業」という。）に使用される者で，賃金を支払われる者をいう。

（定義，契約の原則及び成立）

労働契約法 第2条

1項 この法律において「労働者」とは，使用者に使用されて労働し，賃金を支払われる者をいう。

2項 この法律において「使用者」とは，その使用する労働者に対して賃金を支払う者をいう。

同 第3条

1項 労働契約は，労働者及び使用者が対等の立場における合意に基づいて締結し，又は変更すべきものとする。

2項 労働契約は，労働者及び使用者が，就業の実態に応じて，均衡を考慮しつつ締結し，又は変更すべきものとする。

3項 労働契約は，労働者及び使用者が仕事と生活の調和にも配慮しつつ締結し，又は変更すべきものとする。

4項 労働者及び使用者は，労働契約を遵守するとともに，信義に従い誠実に，権利を行使し，及び義務を履行しなければならない。

5項 労働者及び使用者は，労働契約に基づく権利の行使に当たっては，それを濫用することがあってはならない。

同 第6条 労働契約は，労働者が使用者に使用されて労働し，使用者がこれに対して賃金を支払うことについて，労働者及び使用者が合意することによって成立する。

これらの条文から労働者の主たる義務は労働提供義務であり（職務専念義務，

誠実労働義務（労働契約法 3 条 4 項），使用者の主たる義務は賃金支払義務であることが読み取れます。

また，先ほどの労働契約法 2 条 1 項のほかに，労働基準法にも「労働者」に関する定めがあります。

実際の働く現場では，「正社員」「契約社員」「アルバイト」「パートタイマー」「嘱託」「請負」などいろいろな立場の方がいます。それらの人が「労働者」かどうかは，①労働提供の形態が使用者の指揮命令下の労働であるか（使用従属関係），②報酬（賃金）が労働に対する対象として支払われているか，というメルクマールにより実態に即して判断されます。

たとえば，研修医は，労働者でしょうか。「労働者」に該当するかどうかで，研修医が労働契約法や労働基準法などで守られるか，たとえば，研修中に怪我をした時に療養補償がされるのか，労災保険給付を申請して受け取ることができるのか（労働者災害補償保険法），あるいは守られないかの分岐点になります。

医師の資質向上を図ることを目的とし，教育的な側面を有するので，あくまでも研修生であり労働者ではないとの見方もあります。しかしながら，一定のプログラムに従って，指導医の指導の下に医療行為に従事し，労務の遂行という側面を不可避的に有すること，奨学金等という名称ながら金員を支払われ，給与所得として源泉徴収もされていた事例では，研修医は「労働者」とされています。

2 「使用者」とは？

（定義）

労働契約法 第 2 条

1 項　（略）

2 項　この法律において「使用者」とは，その使用する労働者に対して賃金を支払う者をいう。

（定義）

労働基準法 第 10 条　この法律で使用者とは，事業主又は事業の経営担当者その

他その事業の労働者に関する事項について，事業主のために行為をするすべての者をいう。

「使用者」は「労働者」に比べると定義が分かりやすいかと思います。

労働契約法上の「使用者」は，いわゆる事業主，お給料を払う主体である会社などになります。また，労働基準法上の「使用者」は，事業主に加えて，業務を担当する支配人や取締役などの経営担当者，労働条件の決定・労務管理・指揮命令など現実に権限を行使する者を含みます。

●Column● 働き方改革

平成 28 年 9 月，内閣が「働き方改革」を提唱して以降，法整備が進められるとともに，働く現場でも企業が「働き方改革」を掲げて様々な取り組みが行われているのをニュースなどで見ます。

また，いよいよ平成 31 年 4 月から，働き方改革関連法による各法律の改正の施行が順次スタートしました。

日本では生産年齢人口（15〜64 歳）が想定以上のペースで減少しており，日本全体の生産力，国力が低下していっています。そういった中で，少しでも多くの方に働いてもらいたい，そのために人それぞれの事情に応じて，様々な働き方を選択できる社会作りを目指しているのです。

現に企業では人材が不足しています。各企業は，働きやすい職場であることをアピールして人材確保に努めています。特に女性が結婚，出産，育児，夫の転勤などを機に仕事を辞めてしまわないように，長期の育児休暇，復職しやすいシステム，在宅ワーク，遠隔地でもテレビ電話会議などを通じて会社とコミュニケーションをとりながら仕事ができるシステムを導入するなど，様々な取り組みをしています。

ただ，やはりそういった取り組みができる企業は，「本当は働きたいけど働きにくい」と感じている人々の声を汲み取って対応できるだけの余裕と柔軟性のある一部の企業に限られているのが実情です。働き方改革関連法による各法律の改正の施行により，さらに働き方の多様化が進むでしょ

う。

　また，現在はインターネットの普及に伴い，企業の外部で仕事請け負う方法（アウトソーシング）で働く人々も増えてきています。特定の企業の仕事を専属的に請け負う人もいれば，様々な企業から仕事を請け負っている人もいます。「働き方」の多様化に伴い，「労働者」に該当するのかどうかが問題になるケースが増えていくのではないでしょうか。

3　労働契約

　多くの方は，求人票などを見てそこに書いてある給料，勤務時間帯，職場の環境などの概要を見て，応募するのではないでしょうか。そして，採用されれば，あまり詳細な条件については意識していないかもしれません。では，具体的に労働条件はどのように決まっているのでしょうか。

> **（目的，契約の原則及び内容の変更）**
>
> **労働契約法 第1条**　この法律は，労働者及び使用者の自主的な交渉の下で，労働契約が合意により成立し，又は変更されるという合意の原則その他労働契約に関する基本的事項を定めることにより，合理的な労働条件の決定又は変更が円滑に行われるようにすることを通じて，労働者の保護を図りつつ，個別の労働関係の安定に資することを目的とする。
>
> **同 第3条**
>
> 　**1項**　労働契約は，労働者及び使用者が対等の立場における合意に基づいて締結し，又は変更すべきものとする。
>
> 　**2項**　労働契約は，労働者及び使用者が，就業の実態に応じて，均衡を考慮しつつ締結し，又は変更すべきものとする。
>
> 　**3項**　労働契約は，労働者及び使用者が仕事と生活の調和にも配慮しつつ締結し，又は変更すべきものとする。
>
> 　**4項・5項**　（略）
>
> **同 第8条**　労働者及び使用者は，その合意により，労働契約の内容である労働条件を変更することができる。

第2節 労働基準法・労働契約法の概要

(1) 合意

　このように，法は，労働条件を定める労働契約は，使用者と労働者の合意により決定されることを原則としています。

(2) 就業規則

（就業規則）

労働契約法 第7条　労働者及び使用者が労働契約を締結する場合において，使用者が合理的な労働条件が定められている就業規則を労働者に周知させていた場合には，労働契約の内容は，その就業規則で定める労働条件によるものとする。ただし，労働契約において，労働者及び使用者が就業規則の内容と異なる労働条件を合意していた部分については，第十二条に該当する場合を除き，この限りでない。

　日本では，毎年，高校や大学を卒業する新卒者を対象に一括採用を行っている企業が多いです。このような場合に，使用者である企業が個々の労働者（採用予定者）との間で，労働条件について個別に交渉して個々の労働者ごとに決定するというのは煩雑であります。また，労働者ごとに労働条件が異なるとなると，後の労務管理も煩雑となります。そこで，企業の規律や労働条件といったルールを「就業規則」として定め，これを各労働者に守らせることで，企業は効率的に多数の労働者を採用し，公平な労務を管理することができるのです。

　また，労働者間の労働条件の公平性も確保されます。

　使用者は作成した「就業規則」を労働者に提示し，労働者がこの内容を承諾するという方法で労働条件が決定されます。また，労働条件を変更する場合も，使用者が就業規則を変更する方法で行うことが多いです。

（法令及び労働協約との関係）

労働基準法 第92条

1項　就業規則は，法令又は当該事業場について適用される労働協約に反してはならない。

2項　行政官庁は，法令又は労働協約に抵触する就業規則の変更を命ずることが

できる。

法令及び労働協約と就業規則との関係

労働契約法 第13条　就業規則が法令又は労働協約に反する場合には，当該反する部分については，第七条，第十条及び前条の規定は，当該法令又は労働協約の適用を受ける労働者との間の労働契約については，適用しない。

　就業規則の内容は法令（法律，命令，条例，規則など）あるいは労働協約に違反することはできません。また，その違反する部分は，労働契約の内容（条件）にはならないことが労働基準法，労働契約法で定められています。

　また，就業規則を作成，変更する時は，その事業場に労働者の過半数で組織する労働組合がある場合はその労働組合の，そうした労働組合がない場合には労働者の過半数を代表する者の意見を聞かなければなりません（労働基準法90条）。

　使用者は，就業規則を常時作業場の見やすい場所に掲示し，または備え付ける等の方法で，労働者に周知させなければなりません（労働基準法106条1項）。

　したがって，労働者はいつでも自分の労働条件が就業規則によりどのように定められているのかを確認できます。

就業規則違反の労働契約

労働契約法 第12条　就業規則で定める基準に達しない労働条件を定める労働契約は，その部分については，無効とする。この場合において，無効となった部分は，就業規則で定める基準による。

　就業規則で定める基準に達しない労働条件を定める労働契約は，その部分について無効となり（強行的効力），無効となった部分は就業規則で定める基準によることになります（直立的効力）。

(3)　労働協約

　労働組合と使用者との間で，労働組合の組合員の労働条件等に関する契約（労働協約）を締結している場合には，その労働組合の組合員の労働条件は，その

労働協約によっても決定されます。

⑷　労働条件の明示

（労働条件の明示）

労働基準法 第 15 条

1 項　使用者は，労働契約の締結に際し，労働者に対して賃金，労働時間その他の労働条件を明示しなければならない。この場合において，賃金及び労働時間に関する事項その他の厚生労働省令で定める事項については，厚生労働省令で定める方法により明示しなければならない。

2 項　前項の規定によつて明示された労働条件が事実と相違する場合においては，労働者は，即時に労働契約を解除することができる。

3 項　前項の場合，就業のために住居を変更した労働者が，契約解除の日から十四日以内に帰郷する場合においては，使用者は，必要な旅費を負担しなければならない。

　使用者は，労働契約の締結の際に，労働者に対して，賃金，労働時間その他一定の労働条件を明示しなければなりません（労働基準法 15 条 1 項）。

（労働契約の内容の理解の促進）

労働契約法 第 4 条

1 項　使用者は，労働者に提示する労働条件及び労働契約の内容について，労働者の理解を深めるようにするものとする。

2 項　労働者及び使用者は，労働契約の内容（期間の定めのある労働契約に関する事項を含む。）について，できる限り書面により確認するものとする。

　また，労働契約法 4 条は，労使間の契約関係がスムーズに継続し，紛争を防止するために，使用者は，労働条件，労働契約の内容を明確にさせるようにすることが定められています。

４　労働契約の成立

　ここまで，労働条件がどのようにして決められるのか，労働条件に対してど

ういった規制があるかについて説明してきましたが，こういった話は労働契約が成立したことを前提としています。では，そもそも労働契約はどの段階で成立するのでしょうか。

(1)　内定

日本では歴史的に，高校や大学の新卒者を4月1日から長期雇用することを前提に採用するシステムがあります。

企業は就職希望者に対して試験や面接を行い，そのうち採用候補者に対して内定通知を出します。この内定通知をもって労働契約が成立したといえるかどうかは，個別具体的な事実関係に即して「労働契約（合意）が成立した」といえるかどうかを検討する必要があります。

●ケース● case

大日本印刷事件（最判昭和54年7月20日）

最高裁は，この事件の事実関係のもとで労働契約が成立したといえるのは，企業から就職希望者のもとへ内定通知が到着して，就職希望者が誓約書を提出した時点で，「始期付解約権留保付労働契約」が成立したと述べています。

「始期付」とは，入社の時期が契約成立時ではなく，大学あるいは高校卒業直後の4月1日と始期が決まっている契約です。そして，「解約権留保付」とは，たとえば，学生が卒業できずに留年した場合などに会社が内定を取り消す（労働契約を解約する）場合があることを指します。

---

(2)　内定取消

内定は始期付解約権留保付「労働契約」である以上は，内定取消は既に成立した労働契約を使用者が一方的に解約することになります。

使用者が労働者を解雇して労働契約を終了させることについては，客観的に合理的で社会通念上相当と認められない限り，「解雇権濫用」として無効であるという判例法理が蓄積され，それを条文化したのが労働契約法16条です。

第2節　労働基準法・労働契約法の概要　　77

> **（解雇）**
>
> **労働契約法 第16条**
>
> 　解雇は，客観的に合理的な理由を欠き，社会通念上相当であると認められない場合は，その権利を濫用したものとして，無効とする。

　内定取消も労働契約の解約である以上，内定取消の理由が客観的に合理的で社会通念上相当といえる場合でなければ，内定取消は無効となります。

　逆に，学生が内定辞退，労働者が辞職することについては，労働基準法，労働契約法に制限は定められていません。民法627条には，予告期間をおけば自由に解約できることが定められているにとどまります。

> **（期間の定めのない雇用の解約の申入れ）**
>
> **民法 第627条**
>
> **1項**　当事者が雇用の期間を定めなかったときは，各当事者は，いつでも解約の申入れをすることができる。この場合において，雇用は，解約の申入れの日から二週間を経過することによって終了する。
>
> **2項**　期間によって報酬を定めた場合には，解約の申入れは，次期以後についてすることができる。ただし，その解約の申入れは，当期の前半にしなければならない。
>
> **3項**　六カ月以上の期間によって報酬を定めた場合には，前項の解約の申入れは，三カ月前にしなければならない。

(3)　試用期間

　企業にとって人の採用はとても難しいです。入社試験，面接，客観的な資格だけではその人の人柄，真の能力は見抜けません。学業は優秀でも，社会常識，コミュニケーション能力に問題があることが，いざ採用してから分かることも少なからずあります。日本では，企業は一度本採用した人は定年退職まで長期雇用していくことを前提に採用する以上，できるだけミスマッチを減らし，効率的に優秀な人材を確保したいところです。そこで，企業としては，入社後に一定期間，現場の仕事や研修をさせ，一従業員として問題なく仕事ができるかどうかを確認するための試用期間を設け，試用期間中に問題が判明した

場合には解約する（本採用しない）権利を留保して内定を出します。

●ケース● case

　三菱樹脂事件（最判昭和 48 年 12 月 12 日）は，「企業者が，採用決定後における調査の結果により，または試用中の勤務状態等により，当初知ることができず，また知ることが期待できないような事実を知るに至った場合において，そのような事実に照らしその者を引き続き当該企業に雇傭しておくのが適当でないと判断することが，上記解約権留保の趣旨，目的に徴して，客観的に相当であると認められる場合」には留保していた解約権を行使できる，としている。

　試用期間中は，都道府県労働局長の許可を得れば，労働能力その他の事情を考慮した最低賃金額よりも少ない額の賃金でも許されます（最低賃金法 7 条 2 号）。そこで，この試用期間を悪用し，「試用期間」として人を採用し，低賃金で働かせ，短期間で辞めさせることを繰り返すような使用者もいます。そもそも試用期間は長すぎることは公序違反とされます。また，試用期間を延長することは合理的な理由がなければ許されないと考えられています。

5　賃　　金

(1)　賃金

（定義）

労働基準法 第 11 条　この法律で賃金とは，賃金，給料，手当，賞与その他名称の如何を問わず，労働の対償として使用者が労働者に支払うすべてのものをいう。

　賃金は，労働契約の重要な本質です（労働契約法 6 条）。

　賃金は，賃金，給料，手当，賞与といった名称の如何を問わず，労働の対償として使用者が労働者に支払うすべてのものです。

　労働者は，労働契約で取り決められた内容の労働，使用者の指揮命令に従った労働を行えば，使用者に賃金を請求できます（賃金請求権）。逆に，労働を行

わない場合には，賃金は発生しないのが原則です（ノーワーク・ノーペイの原則）。

　しかし，最高裁（片山組事件　最判平成10年4月9日）は「労働者が職種や業務内容を特定せずに労働契約を締結した場合においては・・・その能力，経験，地位，当該企業の規模，業種，当該企業における労働者の配置・異動の実情及び難易等に照らして当該労働者が配置される現実的可能性が認められる他の業務について労務の提供をすることができ，かつ，その提供を申し出ているならば」賃金請求権を失わないとされています。

　ですので，たとえば，外回りの営業職であった労働者が足を骨折して移動が困難となった時に，労働者の業務が労働契約上外回りの営業職に限定されておらず，移動できなくても対応可能な内勤の業務のポストが社内にあり，労働者がその業種であれば従事できると申し出ているような場合には，会社がその業種に従事することを拒んでも労働者は賃金を請求できます。

●Column●　就活協定　　　　　column

　一般社団法人日本経済団体連合会（経団連）は，公平・公正な採用の徹底と学生たちが就職活動に時間を奪われ学業が疎かにならないように，採用選考活動の開始時期について指針を定めており，日本では新卒者一括採用システムは根づいてきました。しかし，経団連は，2021年春採用の就職活動・採用活動に対してはこういったルールを廃止することを表明しています。外資系の企業などが先の経団連のルールを守らず，優秀な学生の採用を早く決めてしまうことで経団連のルールを守っている日本企業が優秀な学生を採用できないなどの問題が背景にあるようです。

　経団連がルールを廃止することに代えて，政府が主導で就職活動・採用活動について指針を設けて主導することになるようですが，これまでのような新卒一括採用システムは崩壊し，自由な就職活動・採用活動が増えてくるだろうと見られています。これにより，優秀な人材は早期に就職を決め，あるいは転職を行うなどし，人材の流動が活性化するとともに，他の就職希望者との格差が広がってくるのでは，と危惧する意見もあります。

第5章　労働法の基礎

そもそも，日本では長期雇用を前提に，新卒者は安い給料からスタートし，少しずつ給料が増え，定年まで勤め上げて，退職時にたくさんの退職金をもらう，ということが人生設計の前提となってきていました。しかし，人材の流動が活性化するということは在職期間が短くなり，退職金が発生しない場合も増えてきます。そうすると，優秀な人材は退職金がない分，給料・年俸など条件の良いところへ行き，転職して行くことになるでしょう。

企業は優秀な人材には好条件を提示するなど，一括採用された人とは別に労働条件を提示するケースも増えるでしょう。

⑵　賞与・ボーナス

賞与やボーナスは，毎月支払われる賃金（給与）以外に定期または臨時に，原則として労働者の勤務成績に応じて支給されるもので，その支給額が予め確定していないものです。

多くの企業では，夏季と年末の2回支給されます。

そして，賞与やボーナスが，労働契約，就業規則，労働協約等によって支給条件が明確に定められている場合には，労働基準法上の「賃金」といえます。

賞与・ボーナスは，基本給にその時々の経営状況に合わせた支給率，支給対象期間の出勤率や成績係数（人事考課を通じて個々の労働者の成果，能力等を数値化したもの）を乗じて算出されることが多いです。

また，支給日や特定の基準日に在籍する者にのみ支給することが就業規則等に定められている場合も多いです。

賞与やボーナスの支給により，労働者の支給対象期間に対する功労の意味があり，労働者のモチベーションの維持，向上につながります。

⑶　退職金

退職金は，労働者の退職時に支給される金銭をいいます。退職金について，労働契約，就業規則，労働協約において支給されることが定められている場合には，退職金は「賃金」です。退職金は，日本においては終身雇用制度のもと

長年の勤続を奨励する意味の功労報償的性格と賃金の後払いとしての性格があり，算定基礎額に勤続年数毎に設定された支給率を乗じて行われることが多いです。また，退職金の支給にあたり最低勤続年数が定められている場合も多いです。

　さらには，懲戒解雇により会社を辞める場合には退職金を不支給としたり，同業他社へ転職した場合には，退職金を没収・減額することを定めている企業もあり，こういった扱いの有効性が争われるケースもあります。

⑷　賃金の支払いに関する原則

> **（賃金の支払い）**
>
> **労働基準法 第 24 条**
>
> 1項　賃金は，通貨で，直接労働者に，その全額を支払わなければならない。ただし，法令若しくは労働協約に別段の定めがある場合又は厚生労働省令で定める賃金について確実な支払の方法で厚生労働省令で定めるものによる場合においては，通貨以外のもので支払い，また，法令に別段の定めがある場合又は当該事業場の労働者の過半数で組織する労働組合があるときはその労働組合，労働者の過半数で組織する労働組合がないときは労働者の過半数を代表する者との書面による協定がある場合においては，賃金の一部を控除して支払うことができる。
>
> 2項　賃金は，毎月一回以上，一定の期日を定めて支払わなければならない。ただし，臨時に支払われる賃金，賞与その他これに準ずるもので厚生労働省令で定める賃金（第89条において「臨時の賃金等」という。）については，この限りでない。
>
> 同 第 59 条　未成年者は，独立して賃金を請求することができる。親権者又は後見人は，未成年者の賃金を代つて受け取つてはならない。

　労働基準法 24 条は，賃金の支払いについて①通貨払の原則，②直接払の原則，③全額払の原則，④毎月1回以上一定期日払の原則を定めています。

　①通貨払の原則は，価格が不明瞭で換価が不便な実物給付を禁止するための原則です。例外として，口座へ振り込み送金する場合があります。

②直接払の原則は，第三者が労働者に代わり賃金を受け取り中間搾取することを防止するための原則です。

③全額払の原則は，労働者が賃金全額を受け取ることを確実にし，生活を安定させるための原則です。例外として，給与所得税の源泉徴収，社会保険料の控除，財形貯蓄の控除，労使協定を締結し，労働契約・就業規則・労働協約に賃金控除を行う場合（親睦会費の積み立てなど）が定められている場合があります。

会社が労働者に対して損害賠償請求できる権利がある場合に，これを賃金から一方的に差し引くこと（相殺）は，全額払の原則に反するので許されませんが，使用者と労働者が相殺することに合意をした場合の相殺は，許されると判断された例があります（日新製鋼事件　最判平成2年11月26日）。

④毎月1回以上一定期日払の原則は，賃金の支払いが不定期で間隔があくことで労働者の生活が不安定になることを防ぎます。

⑸　休業手当

労働者が使用者の責に帰すべき事由により休業する場合，その期間中，使用者は労働者に対して平均賃金（労働基準法12条）の6割以上の手当（休業手当）を支払わなければなりません（労働基準法26条）。

たとえば，企業の不況，資金難，材料不足等の経営障害で自宅待機が命じられた場合などは，休業手当が支払われます。

⑹　時効

> **（時効）**
> **労働基準法 第115条**　この法律の規定による賃金（退職手当を除く。），災害補償その他の請求権は2年間，この法律の規定による退職手当の請求権は5年間行わない場合においては，時効によつて消滅する。

民法174条1号は，給料に係る債権の消滅時効を1年間としているが，労働基準法上の賃金債権はそれよりも長い期間が定められており，労働者が保護されています。

第2節 労働基準法・労働契約法の概要

6 労働時間・休憩・休日

(1) 労働時間

> **（労働時間）**
>
> 労働基準法 第 32 条
>
> 1項 使用者は，労働者に，休憩時間を除き一週間について 40 時間を超えて，労働させてはならない。
>
> 2項 使用者は，一週間の各日については，労働者に，休憩時間を除き一日について 8 時間を超えて，労働させてはならない。

　労働基準法は，労働時間は週 40 時間，１日 8 時間と定めている（法定労働時間）。

　使用者は，労働契約あるいは就業規則において，始業及び就業の時刻，休憩時間，休日について定めなければならず（労働基準法 15 条，同 89 条 1 号），始業から就業の時刻までも所定就業時間，所定就業時間から休憩事案を除いたものを所定労働時間という。この所定労働時間が法定労働時間を超えてはなりません。

　そして，実労働時間とは実際に労働時間をいいます。後で説明をする時間外労働（残業）を行う場合には，時間外労働時間も合わせた時間が実労働時間となります。

(2) 休憩時間

> **（休憩）**
>
> 労働基準法 第 34 条
>
> 1項 使用者は，労働時間が六時間を超える場合においては少くとも四十五分，八時間を超える場合においては少くとも一時間の休憩時間を労働時間の途中に与えなければならない。
>
> 2項 前項の休憩時間は，一斉に与えなければならない。ただし，当該事業場に，労働者の過半数で組織する労働組合がある場合においてはその労働組合，労働者の過半数で組織する労働組合がない場合においては労働者の過半数を代表す

る者との書面による協定があるときは，この限りでない。

3項　使用者は，第一項の休憩時間を自由に利用させなければならない。

　休憩時間は，労働時間の途中に，原則で労働者全員一斉に与えられなければなりません。また，休憩時間をどのように過ごすかは労働者の自由です。たとえば，何も作業をしていないが待機するように指示された時間が休憩時間か否かは，労働者が労働から解放され自由に利用できる時間といえるかどうかによります。

(3)　休日

（休日）

労働基準法 第35条

1項　使用者は，労働者に対して，毎週少くとも一回の休日を与えなければならない。

2項　前項の規定は，四週間を通じ四日以上の休日を与える使用者については適用しない。

　使用者は，労働者に対して，毎週，少なくとも1回の休日を与えること，または，2週間を通じて4日以上の休日を与えなければなりません。たとえば，週休二日制がとられている企業の場合，二日のうち1日はこの労働基準法上義務付けられた「法定休日」となり，あとの1日は「法定外休日」となります。

(4)　時間外労働・休日労働・深夜労働

（時間外及び休日の労働，深夜の割増賃金）

労働基準法 第36条

1項　使用者は，当該事業場に，労働者の過半数で組織する労働組合がある場合においてはその労働組合，労働者の過半数で組織する労働組合がない場合においては労働者の過半数を代表する者との書面による協定をし，これを行政官庁に届け出た場合においては，第32条から第32条の5まで若しくは第40条

の労働時間（以下この条において「労働時間」という。）又は前条の休日（以下この項において「休日」という。）に関する規定にかかわらず，その協定で定めるところによつて労働時間を延長し，又は休日に労働させることができる。ただし，坑内労働その他厚生労働省令で定める健康上特に有害な業務の労働時間の延長は，1日について2時間を超えてはならない。

2項　厚生労働大臣は，労働時間の延長を適正なものとするため，前項の協定で定める労働時間の延長の限度，当該労働時間の延長に係る割増賃金の率その他の必要な事項について，労働者の福祉，時間外労働の動向その他の事情を考慮して基準を定めることができる。

3項　第1項の協定をする使用者及び労働組合又は労働者の過半数を代表する者は，当該協定で労働時間の延長を定めるに当たり，当該協定の内容が前項の基準に適合したものとなるようにしなければならない。

4項　行政官庁は，第2項の基準に関し，第1項の協定をする使用者及び労働組合又は労働者の過半数を代表する者に対し，必要な助言及び指導を行うことができる。

労働基準法 第 37 条

1項　使用者が，第33条又は前条第1項の規定により労働時間を延長し，又は休日に労働させた場合においては，その時間又はその日の労働については，通常の労働時間又は労働日の賃金の計算額の2割5分以上5割以下の範囲内でそれぞれ政令で定める率以上の率で計算した割増賃金を支払わなければならない。ただし，当該延長して労働させた時間が一カ月について60時間を超えた場合においては，その超えた時間の労働については，通常の労働時間の賃金の計算額の5割以上の率で計算した割増賃金を支払わなければならない。

2項　前項の政令は，労働者の福祉，時間外又は休日の労働の動向その他の事情を考慮して定めるものとする。

3項　使用者が，当該事業場に，労働者の過半数で組織する労働組合があるときはその労働組合，労働者の過半数で組織する労働組合がないときは労働者の過半数を代表する者との書面による協定により，第1項ただし書の規定により割増賃金を支払うべき労働者に対して，当該割増賃金の支払に代えて，通常の労働時間の賃金が支払われる休暇（第39条の規定による有給休暇を除く。）を厚生労働省令で定めるところにより与えることを定めた場合において，当該労働

者が当該休暇を取得したときは，当該労働者の同項ただし書に規定する時間を
超えた時間の労働のうち当該取得した休暇に対応するものとして厚生労働省令
で定める時間の労働については，同項ただし書の規定による割増賃金を支払う
ことを要しない。

4項 使用者が，午後10時から午前5時まで（厚生労働大臣が必要であると認め
る場合においては，その定める地域又は期間については午後11時から午前6
時まで）の間において労働させた場合においては，その時間の労働については，
通常の労働時間の賃金の計算額の2割5分以上の率で計算した割増賃金を支払
わなければならない。

5項 第1項及び前項の割増賃金の基礎となる賃金には，家族手当，通勤手当そ
の他厚生労働省令で定める賃金は算入しない。

　時間外労働（残業）とは，法定労働時間（労働基準法32条）を超えた労働時
間を指します。休日労働とは，法定休日（労働基準法35条）に労働することを
指します。使用者が労働者に時間外労働または休日労働をさせた場合は「割増
賃金」を支払わなければなりません。

　また，深夜労働とは，原則として，午後10時から午前5時までの時間帯に
おける労働をいい，この深夜労働についても使用者は労働者に対して割増賃金
を支払わなければなりません。

　ところで，使用者は労働者に対して時間外労働や休日労働を無条件に指示で
きるわけではありません。

　労働基準法上，①災害等による臨時の必要がある場合（労働基準法33条），
②労使協定（いわゆるサブロク協定）が締結され，それが労働基準監督署長に届
け出られている場合（同36条）に，使用者は労働者に時間外労働，休日労働を
させることができるとされています。

　日本では労働者の働き過ぎ，残業し過ぎが社会問題となっていますが，多く
の残業はこの②サブロク協定に基づくものです。

　ただ，サブロク協定さえあれば，いかなる場合でも残業命令に従う義務があ
るわけではありません。サブロク協定があることを前提に「使用者が当該事業
場に適用される就業規則に当該36協定の範囲内で一定の業務上の事由があれ
ば労働契約に定める労働時間を延長して労働者を労働させることができる旨定

めているとき」は，労働者は労働契約に定める労働時間を超えて労働する義務を負うとされています（日立製作所武蔵野工場事件　最判平成3年11月28日）。

　また，たとえば，業務上の必要性がない場合に，時間外労働や休日労働を命じることや，時間外労働や休日労働を命じられることによって労働者に生じる不利益と業務上の必要性を比較して業務上の必要性の程度が低い場合には，使用者による時間外労働や休日労働の命令は権利濫用とされ無効となると考えられます（労働契約法3条5項）。

　※　拘束時間　実労働時間と休憩時間を合わせた時間

⑸　時間外労働の上限規制

　これまで，サブロク協定では，1日及び1日を超える一定期間について時間外及び休日労働の上限を協定しなければならず，また，この上限は厚生労働大臣の定める基準に従わなければならないとされてはいましたが（労働基準法施行規則16条1項，2項，労働基準法36条2項，3項），この上限を超えることを法律上明確に禁止されておらず，実際に使用者が労働者をこの上限以上に労働させても罰則が適用されませんでした。また，サブロク協定において特別条項を設ければ，限度時間を超えて労働させることが可能とされていました。そのため，現実には，サブロク協定の上限を超えた長時間労働が悪しき慣習となっている労働環境も珍しくありません。

　こういった長時間労働の温床を正し，労働者の健康確保を一層強化するために，労働基準法が改正され2019年4月1日に施行（中小企業は2020年4月1日施行）されます。これにより，時間外労働時間等の上限を法定するとともに，これを超えて労働させた場合は罰則が適用されるようになります。

　これにより時間外労働の上限は，原則として一カ月45時間，年360時間となります。ただし，特別な事情がある場合の例外（月100時間未満，年720時間以内，複数月平均80時間以内）や上限規制から除外される職種（自動車運転，建設，医師等）といった例外はあります。

　日本の労働環境における働き過ぎが指摘される中，働く人の健康面にとっては大事な規制ですが，残業代込みで家計をやり繰りされているご家庭には厳し

い問題に直面することになりそうです。

(6) 労働時間・休憩・休日の適用除外

> **（労働時間等に関する規定の適用除外）**
>
> **労働基準法 第41条** この章，第6章及び第6章の2で定める労働時間，休憩及び休日に関する規定は，次の各号の1に該当する労働者については適用しない。
> 一 別表第1第6号（林業を除く。）又は第7号に掲げる事業に従事する者
> 二 事業の種類にかかわらず監督若しくは管理の地位にある者又は機密の事務を取り扱う者
> 三 監視又は断続的労働に従事する者で，使用者が行政官庁の許可を受けたもの

　労働時間，休憩及び休日に関する労働基準法上の規定が，農業，畜産・水産業に従事する者や，監督もしくは管理の地位にある者などには適用されません。これら適用が除外される対象者は法定労働時間を超えて労働をしても「時間外労働」にはならないため，「割増賃金」も発生しないことになります。

　そのため，こういった法制度を悪用し，一労働者に管理者，監督者のような肩書を与えて，長時間労働させ，割増賃金を支払わないような悪質なケースもあります。管理者・監督者であるかは，実際に①事業主の経営に関する決定に参画し，労務管理に関する指揮監督権限を認められており，②自己の出退勤をはじめ労働時間について自ら決定する自由があり，③その地位と権限にふさわしい待遇（給与等）を受けているかにより判断されます。

(7) 高度プロフェッショナル制度の創設

　2019年4月1日に施行される新たな制度として「高度プロフェッショナル制度」（高プル）があり，先ほどの労働基準法41条につづき41条の2に置かれます。

　この制度は，先ほどの41条と同様に労働基準法上の労働時間，休憩，休日の規定の適用を除外することに加えて，さらに深夜の割増賃金の規定の適用が除外される者を定めます。この制度により，自律的で創造的な働き方を希望す

第2節 労働基準法・労働契約法の概要

る人が，高い収入を確保しながら，自由な働き方，めりはりのある働き方を選択できるようになります。

ただし，先ほどの管理者・監督者と同様に高度プロフェッショナル制度が悪用されることを防ぐため，高度プロフェッショナル制度を利用するにはかなり詳細な要件を満たす必要があります。

たとえば，年収は平均給与額を3倍程度上回る水準として省令で規定される額（約1,075万円）以上が見込まれる労働者で，職務の範囲が明確であること，高度の専門的知識を必要とする等の業務(省令で規定)に従事する場合に，年間104日の休日を確実に取得させること，等の健康確保措置を講じることや，本人の同意や労使委員会の決議があること等，その他詳細な要件があります。現段階では，高度の専門的知識を必要とする業務として，金融商品のディーラーやアナリスト，コンサルタント，システムエンジニアなどが考えられているようですが，今後，対象が拡大することで高度プロフェッショナル制度が悪用される例も増えるのではないかという意見もあります。

(8) 柔軟な労働時間制度

労働基準法は，従前より変形労働時間制，フレックスタイム制（労働基準法32条の2，同32条の3，同32条の4，同32条の5），みなし労働時間制(労働基準法38条の2)，裁量労働制（労働基準法38条の3，同38条の4）を設けています。

この中でよく聞くことがあるフレックスタイム制は，これまで1カ月以内の一定期間(清算期間)に勤務する総労働時間を決めておき，その範囲内で各日の始終業時刻を個々の労働者の決定に委ねる制度です。この清算期間の上限が2019年4月1日の改正法の施行で3カ月となりました。長期スパンで業務の繁忙期・閑散期を見据えてより一層柔軟，かつ，めりはりのある働き方が可能となります。

7 休暇・休業

(1) 年次有給休暇

年次有給休暇（「年休」「有休」）は，労働者に年間の一定日数の休暇を有給で

保障する制度です。労働者の希望で休暇日を決め，休暇中は賃金もしくはそれに代わる手当をされている点で休日（労働基準法35条）と異なります。

この年休を取得する権利は，①一定期間の継続勤務し，②その期間の全労働日の8割以上出勤した労働者に対して与えられます（労働基準法39条）。

年休をどのように利用するかは労働者の自由で，労働者は年休を申請するにあたり使途や理由を申告する必要はありません。

(2) 時季変更権

労働者が年休日を指定したが，会社の業務の都合上，その労働者休暇を取られると困る場合もあります。その場合，使用者は，労働者の指定した年休日を変更し，再度別の日を指定するよう促す権利があります（時季変更権，労働基準法39条5項）。

(3) 時季指定義務

日本では，法律上認められた年休を使わないままの労働者が非常に多いです。休みづらい職場，時間があれば際限なく仕事をしてしまうといった事情もあるでしょう。既に労働基準法には集団的に当該年度の時季指定を行う計画年休という制度がありますが（労働基準法39条6項），日本の労働者の年休取得率は50％に満たないとみられています。

政府は，2020年までに有給休暇取得率70％を目指し，2019年4月1日の改正法の施行で使用者は，一定の場合に労働者に確実に年休を取得させるように義務付けました（時季指定義務）。たとえば，6カ月間継続勤務し全労働日の8割以上出勤した労働者には年10日の有給休暇が与えられるのですが，その半分の5日について，毎年，使用者は労働者に時季を指定して有給を取得させなければならないとされ，これに違反した使用者には罰則が適用されます。

8 人 事

(1) 人事権

使用者は，企業を運営していくうえで必要な様々な業務を分類し組織化し，労働者をそれぞれの組織に配置していきます。このように使用者が労働者を位

第2節　労働基準法・労働契約法の概要

置づける命令の権限を一般的に人事権といいます。

　人事権としては，採用，配置転換（職務や勤務場所の変更），出向（労働者を自企業に在籍させたまま他の企業に従事させる），転籍（労働者の籍を他の企業に移して従事させる），昇進（役職や地位が上がること）や，昇格（職能資格制度における資格が上がること），降格（役職や地位，資格を下げる），休職（労務に従事することを免除し，または禁止する），懲戒，解雇などがあります。

　原則として，こういった人事権は，個別の労働契約，就業規則，労働協約にこういった処分，命令を行う場合の規定があれば認められ，使用者には人事権の行使にあたって裁量があります。ただし，解雇に関する規制（労働契約法16条，17条）や均等待遇原則（労働基準法3条）に違反するような場合，性を理由とする差別，労働組合員であることや労働組合の正当な行為をしたことを理由とする差別が行われた場合，その他，不当な動機・目的でなされた場合など裁量の範囲を逸脱し人事権の濫用と認められるような場合には，その人事権の行使は無効となります。

　特に，賃金の低下が伴うなど労働者に不利益となるような人事権の行使の有効性については慎重に判断されます。

(2)　懲戒処分

　使用者は企業秩序を定立し維持する「企業秩序定立権」を有し，労働者は企業に雇用されることによって，この企業秩序を遵守する義務（企業秩序遵守義務）を負うと解されています。「懲戒処分」とは，企業の秩序と規律を維持する目的で，使用者が従業員の企業秩序違反行為に対して課す制裁罰をいい，処分の種類には戒告，けん責，減給，出勤停止，懲戒解雇などがあります。

　懲戒処分は，労働者にとっては不利益が与えられるような措置です。

　したがって，いかなる事実が懲戒処分の対象となるのか（懲戒事由），どの種類の懲戒処分が課されるかについて就業規則上明記されていなければならず（労働基準法89条1項9号），また，その就業規則の内容は合理的でなければなりません。

　懲戒事由としては，たとえば，経歴詐称，無断欠勤，勤務成績の不良，業務

命令への違反，横領，背任，セクシャルハラスメント，秘密漏えいなどがあります。

> **（懲戒）**
>
> **労働契約法 第15条** 使用者が労働者を懲戒することができる場合において，当該懲戒が，当該懲戒に係る労働者の行為の性質及び態様その他の事情に照らして，客観的に合理的な理由を欠き，社会通念上相当であると認められない場合は，その権利を濫用したものとして，当該懲戒は，無効とする。

　また，実際に使用者が労働者に対して懲戒権を行使する場合，懲戒事由に該当する場合に就業規則上認められた処分内容であっても，労働者の行為の性質及び態様その他の事情に照らして，客観的に合理的な理由を欠き，社会通念上相当であると認められない場合には，懲戒権の濫用として無効となります（労働契約法15条）。

⑶　けん責・戒告

　懲戒処分のうち，一番軽いものが，けん責（始末書を提出させ将来を戒める）と戒告（始末書を提出させずに将来を戒める）です。これらの処分そのものにより労働者には実質的な不利益はありませんが，今後の昇給・昇格・賞与において不利に考慮される場合があります。

⑷　減給

> **（制裁規定の制限）**
>
> **労働基準法 第91条** 就業規則で，労働者に対して減給の制裁を定める場合においては，その減給は，一回の額が平均賃金の一日分の半額を超え，総額が一賃金支払期における賃金の総額の十分の一を超えてはならない。

　賃金額から一定額を差し引くのが「減給」です。減給は，労働者の生活に不利益な影響を与えるものであるため，1回の額が平均賃金の1日分の半額を超えてはならず，総額が一賃金支払期の賃金の総額の10分の1を超えてはならないとされています（労働基準法91条）。

第2節 労働基準法・労働契約法の概要

(5) 出勤停止

　労働者の出勤を一定期間禁止するのが「出勤停止」（自宅待機，懲戒休職）です。この出勤停止期間中は賃金が支給されず，勤続年数にも参入されないこともあるなど，労働者に不利益となります。著しく長い出勤停止は懲戒権の濫用として無効となる場合もあります。

(6) 降格

　懲戒として労働者の役職や地位を引き下げる「降格」があります。人事としての降格とは異なります。

(7) 懲戒解雇

　懲戒として行う解雇は，通常の解雇では求められる解雇予告や予告手当の支払いをせずに即時に解雇するものです。また，退職金の全部あるいは一部が支給されないことが就業規則等で定められている企業も多く，懲戒解雇されたという経歴があると労働者の再就職は困難となります。懲戒解雇は労働者に特に重大な不利益を及ぼします。企業が懲戒解雇をした場合に，それを不服とする労働者と紛争になるケースも目立ちます。また，懲戒解雇の不利益の重さから，裁判所はその有効性について特に慎重に判断します。

　そこで，企業としては懲戒解雇をした場合のリスクも鑑みて，退職願，辞表の提出を勧告し，所定期間内にこれに応じない場合に懲戒解雇に処するという諭旨解雇という取り扱いをする場合もあります。労働者も，諭旨退職であれば自己都合退職と同様の退職金が支給される，といったメリットを理由に，これに応じることになります。

　諭旨解雇も懲戒処分の一種ですので，有効性は慎重に判断されます。

9　労働契約の終了

　労働契約は，主に①使用者と労働者の合意による解約，②労働者の一方的な意思表示による解約（辞職），③使用者の一方的な意思表示による解約（解雇），④期間の満了（定年，有期労働契約の契約期間満了）により終了します。

(1) 合意解約・辞職

　合意解約は使用者と労働者の合意があるのであるから特にそれを規制する必要はありません。たとえば，企業が特定の労働者に退職勧奨を行い，これに労働者が応じるかどうかを自由に考え退職に応じるのであれば合意解約です。

　しかし，たとえば，退職勧奨に応じない労働者を「追い出し部屋」と呼ばれる何ら業務が与えられない机と椅子だけがある部屋にいることを命じるなど，不当な態様で退職に応じさせた場合には，合意解約とは認められない場合もあります。

　辞職は，労働者から一方的に労働契約の解約の意思表示を行うものをいい，労働契約上期間の定めがない場合には，労働者は2週間前までに予告すれば自由に辞職できます（民法627条）。

(2) 定年

　定年は，一定の年齢に達すれば使用者，労働者の意思表示がなくても労働契約が終了する制度です。

　使用者は定年制を設けないことも可能です。就業規則などで定年を設定する場合には，定年は60歳以上でならず（高年齢者等の雇用の安定等に関する法律8条），さらに，労働者が65歳まで安定した雇用が確保されるよう①定年年齢の引き上げ，②継続雇用制度の導入，③定年制の廃止のいずれかを講じるよう義務づけられています（同9条1項）。実際には，②継続雇用制度を採用している企業が多いです。

(3) 解雇

　解雇は，使用者の一方的な意思表示により労働契約が終了する場合であり，解雇により労働者は賃金収入を失うことになり，重大な不利益を受けます。そこで，解雇に対しては様々な規制・要件があります。

　まず，使用者は，就業規則に解雇事由を記載しなければなりません（労働基準法89条3号）。

　そして，原則として，使用者は労働者に対して少なくとも30日前の解雇予告またはこれに代わる予告手当を支払わなければなりません（労働基準法20

条，同 21 条)。

> **（解雇）**
>
> **労働契約法 第 16 条** 解雇は，客観的に合理的な理由を欠き，社会通念上相当で あると認められない場合は，その権利を濫用したものとして，無効とする。

さらに，使用者は，解雇予告あるいは解雇予告手当さえ支払えば解雇できる わけではなく，解雇の客観的合理的な理由と，社会的相当性が求められます。

たとえば，勤務成績が不良で，社内の人事考課の結果は 3 回連続して下位 10％未満であった労働者を「労働能率が劣り，向上の見込みがない」という解 雇事由に該当するとして解雇する場合，それは社内で相対的に成績が低いとい うことを意味するにとどまり，絶対的な勤務成績の不良や職務怠慢を意味する ものではないから，会社としては改善に向けた注意，指導，教育等を具体的に 行わなければ解雇は解雇権濫用として無効となる場合もあります（セガ・エン タープライゼス事件　東京地決平成 11 年 10 月 15 日)。

10　労働契約終了後の義務

労働契約の終了により，使用者と労働者の契約関係（使用者は労働者に対し て賃金を支払い，労働者は使用者に対して労務を提供する）は基本的には終了 しますが，退職金支払義務・請求権，元労働者の競業避止義務（元使用者と競 争することになるような取引をしてはならない義務）が認められる場合があり ます。また，元使用者の営業秘密について，退職後も不正競争防止法に基づき 営業秘密保持義務があります。

●Column● 今後の中小企業における対応策

　働き方改革が始まりましたが，私の顧問先企業においてもどう対応すればいいのか混乱中というのが現状です。特に有給休暇の消化については企業によって状況も異なっており，上手な制度設計ができていないようです。令和２年には働き方改革が中小企業にも適用されます。中小企業にとっては就業規則の改訂，３６協定の締結等非常に頭の痛い問題が発生しています。まずはマニュアル通りに対応し，他の企業の状況を見ながら制度を整えていけばいいのかなという個人的な印象です。

第 **6** 章

競争法概説

ビジネスシーンでは不可欠であるにもかかわらず，意外と勉強する機会のない独占禁止法を始めとする競争法の分野。欧米と取引を行う企業においては，独占禁止法違反を犯してしまうと莫大な損害を被る可能性があります。そこで，本書では難解な分野である競争法の分野を可能な限り分かり易く記載させて頂きました。

第6章　競争法概説

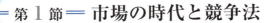
第1節　市場の時代と競争法

　日本では，第二次世界大戦までは統制型の経済が採用され，財閥主導の経済のもと私企業による独占が容認されていました。戦後，ＧＨＱは，戦争の要因の1つに財閥主導の統制経済を位置づけ，経済の自由化の促進が意図されることになりました。

　独占禁止法（「私的独占の禁止及び公正取引の確保に関する法律」。以下では「独禁法」とします。）は以上の背景のもと，米国の反トラスト法を参考に昭和22年に制定されました。

　しかしながら，競争原理はすぐに広がったわけではなく，独占禁止法が本格的に機能するようになってきたのは，規制緩和が進められる文脈の中でした。政府による護送船団方式の経済から，規制緩和による自由主義経済に転換するにあたって，公正かつ自由な競争を促進する競争法の整備が喫緊の課題となったのです。

　規制を緩和するだけだと，カルテル等による人為的独占を進めた方が，企業利益につながることが想定されます。そのため，規制緩和と同時に公正かつ自由な競争のためのルール整備が必要となります。

　昭和52年以降，独禁法の改正が相次ぎました。近年では，公正取引委員会による取締りがニュースを騒がせることが多くなりました。企業の経営者に限らず，企業取引に関わる人にとって，独禁法による規制を理解すること，そして，それぞれの取引における法的リスクを正しく算定することは，重要な課題となっているといえるでしょう。

第2節— 独占禁止法

1 はじめに

独占禁止法は，経済秩序に関する基本法とされ，「経済憲法」と呼ばれることもあります。

裁判例でも，「独禁法は，我が国の事業活動について，『公正かつ自由な競争を促進し』『国民経済の民主的で健全な発達を促進することを目的』として，国内における自由経済秩序を維持・促進するために制定された経済活動に関する基本法である。国内外において右理念の遵守が強く叫ばれている現下の社会・経済情勢下において，同法は経済活動に携わる事業関係者に等しく守られなければならないものである」とするものがあります（東京高判平成5年12月14日〔シール談合刑事事件〕）。

独占禁止法の規制の柱としては，①私的独占の禁止，②不当な取引制限の禁止，③不公正な取引方法の禁止があげられ，これらをあわせて「独禁法の3本柱」と呼ばれることがあります。さらに，競争制限的な合併や株式保有などを規制する④企業結合規制も重要ですが（①ないし④をあわせて「独禁法の4本柱」と呼ばれることもあります。），⑤事業者団体による競争制限行為の禁止も重要といえます。

2 行為の主体

① 事業者

独占禁止法は，競争単位として行動する者について，その競争制限行為を規制します。そのことから，各規制類型において，「事業者」が行為主体として規定されています。

（定義）

独禁法 第2条（抜粋）

1項　この法律において「事業者」とは，商業，工業，金融業その他の事業を行う者をいう。事業者の利益のためにする行為を行う役員，従業員，代理人その

他の者は，次項又は第3章の規定の適用については，これを事業者とみなす。

　事業者とは，「商業，工業，金融業その他の事業を行う者」をいいます（独禁法2条1項前段）。そして，判例は，「この事業は**なんらかの経済的利益の供給に対応し反対給付を反覆継続**して受ける経済活動を指し，その主体の**法的性格は問うところではない**」とします（最判平成元年12月14日〔都営芝浦と畜場事件〕）。

　まず，反対給付を受ける活動が必要なため，慈善事業は除かれます。

　次に，反復継続する必要があるため，一般消費者や労働者は除かれます。

　他方で，法的主体を問わないため，これらの要素があれば，事業者に含まれることになります。そのため，国・地方公共団体，医師・弁護士等の自由業，教育事業，宗教などが，「事業者」に含まれ得ることになります。

② **事業者団体**

　独占禁止法は，事業者団体についても，一定の規制を設けています。

（定義）

独禁法 第2条（抜粋）

2項　この法律において「事業者団体」とは，事業者としての共通の利益を増進することを主たる目的とする2以上の事業者の結合体又はその連合体をいい，次に掲げる形態のものを含む。ただし，2以上の事業者の結合体又はその連合体であつて，資本又は構成事業者の出資を有し，営利を目的として商業，工業，金融業その他の事業を営むことを主たる目的とし，かつ，現にその事業を営んでいるものを含まないものとする。

　一　2以上の事業者が社員（社員に準ずるものを含む。）である社団法人その他の社団

　二　2以上の事業者が理事又は管理人の任免，業務の執行又はその存立を支配している財団法人その他の財団

　三　2以上の事業者を組合員とする組合又は契約による2以上の事業者の結合体

第2節　独占禁止法　101

　事業者団体とは，「事業者としての共通の利益を増進することを主たる目的とする2以上の事業者の結合体またはその連合体」をいいます（独禁法2条2項本文）。

　「事業者としての共通の利益」とは，**構成事業者の利益に直接または間接に寄与するもの**をいいます。また，個々の事業者の具体的利益となるものに限らず，業界一般の利益も含まれます。そのため，かなり広い利益がこれに該当することになります。

　「主たる目的」とは，いくつかの目的のうち主要なものをいいます。これは，定款，約款等で定められているものに限られず，活動内容等から実質的に判断されます。

3　不当な取引制限

（定義）

独禁法 第2条（抜粋）

6項　この法律において「不当な取引制限」とは，事業者が，契約，協定その他何らの名義をもつてするかを問わず，他の事業者と共同して対価を決定し，維持し，若しくは引き上げ，又は数量，技術，製品，設備若しくは取引の相手方を制限する等相互にその事業活動を拘束し，又は遂行することにより，公共の利益に反して，一定の取引分野における競争を実質的に制限することをいう。

（私的独占または不当な取引制限の禁止）

独禁法 第3条　事業者は，私的独占又は不当な取引制限をしてはならない。

【不当な取引制限の要件（②，③が行為要件）】

① 　事業者が他の事業者と（複数の事業者）

② 　共同して（**共同行為**）

③ 　相互に事業活動を拘束し（**相互拘束**）　　（又は共同遂行？）

④ 　公共の利益に反して

⑤ 　**一定の取引分野**における**競争を実質的に制限**すること

(1) 行為要件

独占禁止法では，形式的な要件としてまず行為要件を判断します。その後に，市場への影響という実質的な判断を要する効果要件を判断することになります。

ア 共同行為

「共同して」とは，事業者間に明示・黙示の意思の連絡があることをいいます。

競争を制限することについての意思の連絡であればよいので，契約の申込みと承諾のような意思表示が必要となるものではありません。

「意思の連絡」とは，複数の事業者の間で相互に同一または同種の内容の価格の引き上げを実施することを認識または予測し，これと歩調をそろえる意思があることをいいます。そして，一方の対価の引き上げを他方が単に認識，認容するだけでは足りないですが，事業者相互の対価の引き上げ行為を認識して，暗黙のうちに認容することで足ります（東京高判平成7年9月25日〔東芝ケミカル事件（差戻審）〕）。「共同して」という文言になっていることから，共に対価に引き上げをすることを（少なくとも暗黙のうちに）認容することが必要と解されているのです。

この要件は，事業者相互の行動に事実上の拘束を生じさせて競争制限をもたらすものかを判断するためのものですから，そのような意思が認められればよいことになります。そのため，意思の形成過程を時・場所等で具体的に特定することは必要ではありません（東京高判平成18年12月15日〔大石組入札談合事件〕）。また，動機・意図などが具体的に特定することも必要ありません（東京高判平成20年4月4日〔元詰種子カルテル事件〕）。

イ 相互拘束

相互拘束は，①拘束の相互性と②拘束の共通性を内容とします。

① 拘束の相互性

まず，共同行為による拘束は，行為者とされる事業者すべてに及んでいる必要があります。したがって，一方的な拘束しかない場合は，不当な取引制

限に該当しないことになります。

●Column● **違法行為の立証**　　　column

　独占禁止法に違反する行為は，違法行為であるため，明確な証拠が残されないことが少なくありません。そのため，契約書やメモ等，当事者の意思の連絡を証明する証拠がない場合，いかにして「共同遂行」があると立証したらよいのかは，重要な問題となります。

　実務上は，①行動の一致，②事前の連絡・交渉，③交渉内容に着目して立証が行われています。経済状況などから，同一行動を採ったことが合理的に説明できない場合は，意思の連絡が推認されます。これに対しては，事業者側としては，〔Ⅰ〕他の事業者の判断と無関係に値上げしたとか，〔Ⅱ〕他の事業者の行動を予測して事故に最も利益となる行動をとったに過ぎないなどと反論していくことになります。

　次に，複数の事業者が集まって話し合った場合は，メモ等が残っていなかったとしても，ある程度具体的な立証ができるならば，有力な要素となります。

　さらに，交渉内容として，価格に関する発言が出たかが重要な要素となります。

②　拘束の共通性

　かつては，拘束内容は当事者間で共通である必要があると考えられていました（東京高判昭和28年3月9日〔新聞販路協定事件〕）。この立場からは，当事者となる事業者は，同業者に限定されることになりました。

　しかし，様々な取引段階の事業者が参加することによって，より実効的な競争制限を実現できる場合もあり，同業者に限定することは，公正かつ自由な競争の促進という独禁法の目的に適うものともいえません。

　そこで，現在では，各行為者の事業活動を制約し，**共通の目的達成**に向けられたものであればよいと考えられています（流通・取引ガイドライン第1部

第二3）。言い換えると，拘束内容の共通性が必要なのではなく，**拘束目的の共通性**があればよいということになります。

　この立場からは，異なる取引段階にある者の間でも，相互拘束が認められ得ることになります。また，共同遂行（意思の連絡）がある場合は，通常は相互拘束も認められることになり，相互拘束の要件としての意義は相対的に限定されたものになります。

ウ　共同遂行

条文の文言上は，共同遂行が要件として定められているように見えます。しかし，共同遂行は意思の連絡または相互拘束の実行行為であるにすぎず，独立の意義を有する要件ではないと考えられています。

(2)　（市場）効果要件

　独占禁止法で違法となる行為は，競争に悪影響を与える行為です。これを反映させたのが市場要件です。効果要件は行為要件と比して，相対的に実質的判断を伴うことが多い要件ということができます。

　不当な取引制限では，「一定の取引分野」における「競争を実質的に制限すること」（競争の実質的制限）が効果要件として定められています。

ア　一定の取引分野

　「一定の取引分野」とは，**市場**をいい，**競争が行われる場**を意味します。これは，問題とされる行為が競争の実質低制限をもたらすかを判断するための前提となる概念です。

　市場では，需要者をめぐって供給者の間で競争が行われます。需要者は何らかの商品ないし役務を求める人たちです。これに対して，供給者は，そのような商品ないし役務を提供する人たちです。

　市場は，**地理的範囲**と商品について，その範囲が決められることになります。たとえば，「西日本におけるスマホ用本体カバーの製造・販売分野」が「市場」として画定されることになります。

　その方法は，**需要の代替性**と**供給の代替性**を考慮して決するとされていま

第2節 独占禁止法

す。

●Column● 入札談合

　官公庁が物品を購入したり，公共工事を行ったりする場合，入札の手続きを採ることが法律上定められていることがあります。

　入札では，発注する官公庁が入札参加者を公募し，物品納入や工事請負を希望する企業が価格を書き込んだ「札」を入れることになります。その価格は，各企業がこの価格なら物品を納入できる，あるいは，工事を請け負い得ると考える額になります。官公庁は，札を並べて，一番安い価格を提示した入札参加者と契約することができます。このようにして，競争原理を導入しようとしているのです。

　入札談合は，入札で期待された競争を事業者の間で人為的に制限する行為をいいます。入札談合については，公訴時効（犯罪が一定期間訴追されない場合に，訴追することが禁止される制度）との関係で，特殊な問題が生じます。

　入札談合は，継続的な貸し借りの関係を背景にした談合を行っていこうという基本合意と実際に発注のつど基本合意に基づいて具体的な落札者を決定する個別調整行為からなります。ここでは，基本行為によって入札に参加する事業者の事業活動が事実上拘束されることになるため，基本合意が意思の連絡となります。

　裁判例には，個別調整行為を基本合意の実行行為として「遂行」に当たるとしたものがあります（東京高判平成16年3月24日〔防衛庁石油製品談合刑事事件〕）。この立場からは，個別修正行為が最終行為となり，公訴時効は未だ完成していないことがあり得ます。

　2つの商品に需要の代替性がない場合とは，次のような場合を考えています。たとえば，乾電池と食パンでは，需要者(お客)が得られる満足感がまるで違うため，需要の代替性がない，等と考えていくのです。これに対して，おに

ぎりと食パンでは，需要の代替性が認められるかもしれません。

●Column● **重畳市場**

　一定の取引分野は，市場の実態に応じて，重層的に成立することがあり得ます。これは，競争は様々な範囲で行われ得るためです。

　たとえば，「コンビニエンスストアにおけるおにぎりの販売分野」と「コンビニエンスストアにおける朝食用食料品の販売分野」は，商品として重なる範囲はありますが，それぞれ独立した競争が観念し得るので，別々の市場として成立し得ることになります。

　イ　競争の実質的制限

「競争を実質的に制限する」とは，その市場が有する競争機能を損なうことをいいます（最判平成 24 年 2 月 20 日〔多摩談合事件〕）。

　これは，一定の取引分野における競争を完全に排除し，価格等を完全に支配することまでは必要ありません。一定の取引分野における競争自体を減少させ，特定の事業者または事業者集団がその意思で，ある程度自由に，価格，品質，数量，その他拡販の条件を左右することによって，市場を支配することができる状態をもたらすことで足ります（東京高判昭和 28 年 12 月 7 日〔東宝・新東宝事件〕）。

　これは，**市場支配力を形成・維持・強化する**ことをいうと表現されることがあります。

　ここでは，市場の競争機能を損なうことが問題となっています。そのため，合意内容どおりの値上げが実現するかは，重要ではありません。たとえば，「15 ％値上げしよう」という合意があったとして，実際には 8 ％しか値上げできなかったとしても，市場支配力の形成・維持・強化は否定されません。合意がなければ，8 ％の値上げができなかったのに人為的な合意によってこれを実現したことが問題だからです。

　実効性がある（事実上の拘束力がある）合意が存在する場合，競争の実質的

制限は推認されることになります。本来，事業者間の競争によって定まる価格について，事業者たちが合意すること自体，競争を制限する行為と評価される場合があるのです（東京高判平成20年4月4日〔元詰種子カルテル事件〕参照）。

●Column● ハードコア・カルテルと
非ハードコア・カルテル

column

　ハードコア・カルテルと非ハードコア・カルテルでは，効果要件の認定の仕方が異なると主張されることがあります。

　ハードコア・カルテルとは，競争制限のみを目的とし，あるいは，客観的に反競争効果が明白で，しかも，これを補うような競争促進効果ないし正当化事由を持ち得ないことが外見上明らかなカルテルと定義されています。

　ハードコア・カルテルについては，価格や数量など競争上重要な要素についての競争者間の取り決めであって，競争を制限する以外の目的効果を持たない取り決めが行われた時には，このような取り決めが実効性をもってなされる限り，取り決めの対象商品と地理的範囲を「一定の取引分野」としてよいという見解が有力です。また，そのような合意が存在すれば競争の実質的制限を認定してよい場合が多いとされています。

　これに対して，非ハードコア・カルテルは，ハードコア・カルテル以外のカルテルをいい，①効率性を高めることで産出量を拡大する目的ないし効果を持つ経済活動の統合に合理的に関連し，その競争促進効果を達成するために合理的に必要である場合，②抗告，営業時間，従業員の労働時間など，価格・産出量に対する影響が直接的でない事柄について取り決めがなされる場合，③専門職団体の内部規則で，当該専門職が提供する役務の性質に照らして競争促進的な正当化事由が主張される場合等と整理されます。

　非ハードコア・カルテルでは，競争の実質的制限についてより慎重な認定が求められる傾向があります。

ウ　違法性阻却事由

（定義）

独禁法 第2条（抜粋）

5項　この法律において「私的独占」とは，事業者が，単独に，又は他の事業者と結合し，若しくは通謀し，その他いかなる方法をもつてするかを問わず，他の事業者の事業活動を排除し，又は支配することにより，公共の利益に反して，一定の取引分野における競争を実質的に制限することをいう。

6項　この法律において「不当な取引制限」とは，事業者が，契約，協定その他何らの名義をもつてするかを問わず，他の事業者と共同して対価を決定し，維持し，若しくは引き上げ，又は数量，技術，製品，設備若しくは取引の相手方を制限する等相互にその事業活動を拘束し，又は遂行することにより，公共の利益に反して，一定の取引分野における競争を実質的に制限することをいう。

（私的独占または不当な取引制限の禁止）

独禁法 第3条　事業者は，私的独占又は不当な取引制限をしてはならない。

「公共の利益」とは，競争秩序そのものを意味し，通常は特別の働きをしません。もっとも，個別の競争制限行為について独禁法1条の目的に照らして制限目的に**合理性**が認められ，かつ，目的達成手段として**相当**な場合は，違法と評価されないことになります。

（目的）

独禁法 第1条

この法律は，私的独占，不当な取引制限及び不公正な取引方法を禁止し，事業支配力の過度の集中を防止して，結合，協定等の方法による生産，販売，価格，技術等の不当な制限その他一切の事業活動の不当な拘束を排除することにより，公正且つ自由な競争を促進し，事業者の創意を発揮させ，事業活動を盛んにし，雇傭及び国民実所得の水準を高め，以て，一般消費者の利益を確保するとともに，国民経済の民主的で健全な発達を促進することを目的とする。

独禁法1条は複雑な規定ですが，独禁法の目的は**自由競争経済秩序**にあると解されています。そのうえで，**一般消費者の利益**が独禁法の究極目的と位置づ

けられます。

　先ほどの競争制限目的との関係では，競争制限行為については，自由競争経済秩序という独禁法の直接の目的に反することになります。しかし，一般消費者の利益という独禁法の究極目的に反しないならば，例外的に，目的に合理性が認められることになります。

　また，目的に合理性が認められるとしても，手段については，相当に厳密な審査が行われることになります。ここでは，より競争制限的でない**代替的な手段**がないかについても考慮要素となり得ます。

　判例は，「独禁法の立法の趣旨・目的及びその改正の経過などに照らすと，同法2条6項にいう『公共の利益に反して』とは，原則としては同法の直接の保護法益である自由競争経済秩序に反することを指すが，現に行われた行為が形式的に右に該当する場合であつても，右法益と当該行為によつて守られる利益とを比較衡量して，『一般消費者の利益を確保するとともに，国民経済の民主的で健全な発達を促進する』という同法の究極の目的（独禁法1条参照）に実質的に反しないと認められる例外的な場合を右規定にいう『不当な取引制限』行為から除外する趣旨と解すべき」としました（最判昭和59年2月24日〔石油価格協定刑事事件〕）。

　また，その後の裁判例も，「本件は，被告組合がエアーソフトガンの安全に関する品質基準を設けて，これに合致しない商品の取扱いを中止するよう問屋及び小売店に要請したという事案であるから，本件自主基準設定の目的が，競争政策の観点から見て是認しうるものであり，かつ，基準の内容及び実施方法が右自主基準の設定目的を達成するために合理的なものである場合には，正当な理由があり，不公正な取引方法に該当せず，独禁法に違反しないことになる余地があるというべきである。」「さらに，自由競争経済秩序の維持という法益と，本件妨害行為により守られる法益を比較衡量して，独禁法の究極の目的に反しない場合には，公共の利益に反さず，不当な競争制限に該当せず，独禁法に違反しないことになる余地があるというべきである。」とし，以上の立場を踏襲しています（東京地判平成9年4月9日〔日本遊戯銃協同組合事件〕）。

　これらの判例・裁判例では，独禁法の究極目的に反しない場合に手段の相当性が必要かについては，直接言及していません。しかし，手段に相当性がない

場合はもはや独禁法の究極目的達成のための競争制限行為とはいえません。したがって，判例・裁判例を合理的に解するならば，目的の合理性と手段の相当性を要件とする考え方が導かれることになるでしょう。

4 私的独占

（定義）

独禁法 第2条（抜粋）

5項　この法律において「私的独占」とは，事業者が，単独に，又は他の事業者と結合し，若しくは通謀し，その他いかなる方法をもつてするかを問わず，他の事業者の事業活動を排除し，又は支配することにより，公共の利益に反して，一定の取引分野における競争を実質的に制限することをいう。

（私的独占または不当な取引制限の禁止）

独禁法 第3条　事業者は，私的独占又は不当な取引制限をしてはならない。

【私的独占の要件（②，②'が行為要件）】

①　事業者が
②　他の事業者の事業活動を排除し（排除行為）　　　または
②'　他の事業者の事業活動を支配することにより（支配行為）
③　公共の利益に反して
④　一定の取引分野における競争を実質的に制限する
　　こと

(1) 行為要件

排除とは，他の事業者の事業活動の継続を困難にさせたり，新規参入を困難にさせたりする行為をいいます。

支配とは，他の事業者の事業活動の意思決定の自由を奪い，自己の意思に従わせることをいいます（東京高判昭和32年12月25日〔野田醤油事件〕）。

「他の事業者」は，行為者と直接の競争関係がなくてもかまいません。既に事

業を行っている事業者でなくても，**潜在的な事業者**であれば足りると考えられています。

これらの行為の主体である事業者は，単独でも複数でもかまいません。単独で行うことができる点で，不当な取引制限とは異なります。

ア　排除行為

事業活動や親近参入を困難にすればいいので，実際に退出を余儀なくしたり，参入を阻止することまでは必要ありません（審判審決平成18年6月5日〔ニプロ事件〕）。こうした市場への影響については，効果要件で考慮されることになります。

事業者が効率性を達成したことによって，他の事業者に競争で打ち勝った結果として，他の事業者が市場から退出せざるを得なくなったとしても，排除には該当しません。

他の事業者を排除する意図という主観的な要素を問題とする見解もあります。しかし，排除意図は，人の内心に関わるものであり，立証は必ずしも容易ではありません。そのため，排除に該当するための不可欠の要素ではないと考えるべきです。

もっとも，このような排除する意図が認められる場合は，事業者の行った行為が排除行為であることを推認させる重要な間接事実（情況証拠）となります。また，一つの排除の意図の下で行われる一連の行為は，それぞれ別個の行為のように見えても，実際には相互に関連した一体的な行為と認めることができる場合があります。

排除行為は，事業者が直接行うものに限られません。取引先などの他の事業者を通じて間接的に行う場合も含まれます。

排除行為と通常の競争的行為の区別が問題とされることがあります。確かに，明確な区別が難しい場合も十分に想定されるところです。

この点については，人為性があるかによって区別する見解が有力でした。近時は，「人為性」という基準も不明確であるとして，**効率性によらない排除**かによって区別すべきだという見解が有力になっています。

イ　支配行為

支配行為は，具体的に他の事業者の意思決定を拘束して干渉する行為だけでなく，株式の取得などによって他の事業者の意思決定に干渉し得る地位を得る場合が含まれます。

後者については，企業結合規制によって（事前に）規制されているところであり，企業結合規制が有効に機能している限りは，私的独占によって規制する必要性は大きくはありません。

支配行為は，直接的なものか間接的なものかを問いません。

⑵　（市場）効果要件

不当な取引制限と同じく，（公共の利益に反して）一定の取引分野における競争を実質的に制限することが効果要件です。

すなわち，一定の取引分野とは競争が行われる場（市場）をいい，競争の実質的制限とは市場支配力の形成・維持・強化をいいます。

単独の私的独占では，競争の実質的制限が生じるだけの影響力を有する事業者でなければならないので，より高い市場シェアがあるかが重要となることが多くなります。

5　企業結合規制

⑴　概論

ア　企業結合規制の意義

企業結合とは，合併，株式取得，役員兼任など，複数の企業が企業組織法上の手段によって結びつくことをいいます。

こうした企業結合は，一時的な結合であるカルテル（不当な取引制限）とは異なり，参加者の競争単位として独立性が失われ，競争へ永続的な影響を及ぼします。そのため，企業結合は，固い結合と呼ばれることがあります。

複数の企業が，統一的な意思の下で経営を行うようになると，当事者間で行われていた競争がなくなります。また，競争者としての企業の行動様式が変わることもあり得ます。

企業結合は，一度行われると元に戻すことが難しいため，事前規制となって

おり，競争への影響を的確に判断することが課題となります。

イ　事前届出制（独禁法 10 条，同 15 条，同 15 条の 2，同 15 条の 3，同 16 条）

　一定規模以上の会社が，合併，株式取得，会社分割等を行う場合，公正取引委員会に事前に届けをしなければなりません。

　ここでいう一定規模とは，企業グループの国内売上高が 200 億円を下らない事業者が，株式発行会社及びその子会社の国内に売上高の合計額が 50 億円を下らない会社と企業結合する場合などがあります。

ウ　企業結合規制の要件

①　法が定める企業結合を行うこと（結合関係）

②　一定の取引分野において競争を実質的に制限することとなる場合

①は行為要件に対応するものと考えておけばよいでしょう。

　「こととなる」とは，企業結合によって，競争の実質的制限が必然ではないですが，容易に現出し得る状況がもたらされることで足りるとする蓋然性を意味します（企業結合ガイドライン第 3 の 1）。

　企業結合が行われた場合に予想される市場の状況を予測して判断するものなので，計画されている企業結合によって競争の実質的制限が生じるかを審査します。

エ　企業結合ガイドライン（平成 23 年 6 月改正）

　公正取引委員会は，これまでの企業結合審査の経験を踏まえ，企業結合審査に関する法運用の透明性を一層確保し，事業者の予測可能性をより高めるため，「企業結合審査に関する独占禁止法の運用指針」を策定し，公表しています。

(2)　結合関係

①　株式保有（独禁法 10 条 1 項）

②　役員兼任（同法 13 条）

③　合併（同法 15 条 1 項）

④　会社分割（同法 15 条の 2 第 1 項）

⑤　共同株式移転（同法 15 条の 3 第 1 項）

⑥　事業譲受け等（同法 16 条 1 項）

(3)　市場効果要件

ア　一定の取引分野

「一定の取引分野」とは，いわゆる市場をいい，競争が行われる場を意味します。

具体的な事例ごとに合併などの企業結合がどの範囲の競争に影響を及ぼすかという観点から，競争に及ぼす影響を判断するために，商品と地理的範囲について「一定の取引分野」を確定します。

イ　競争の実質的制限を生じる蓋然性

この要件では，市場支配力の形成・維持・強化が生じる蓋然性があるかを判断します。

具体的には，①競争制限効果があるか，あるのであればどの程度か，②競争促進効果はあるか，③（競争制限効果と競争促進効果の両方がある場合には）競争促進効果を考えてもなお全体として「競争を実質的制限することとなる」かどうか（競争制限効果を十分に上回る競争促進効果があるか）を検討して判断することになります（和久井・ベーシック 42 頁）。

6　不公正な取引方法

（定義）

独禁法 第 2 条（抜粋）9 項　この法律において「不公正な取引方法」とは，次の各号のいずれかに該当する行為をいう。

一　正当な理由がないのに，競争者と共同して，次のいずれかに該当する行為をすること。

イ　ある事業者に対し，供給を拒絶し，又は供給に係る商品若しくは役務の

第2節　独占禁止法　115

数量若しくは内容を制限すること。

ロ　他の事業者に，ある事業者に対する供給を拒絶させ，又は供給に係る商品若しくは役務の数量若しくは内容を制限させること。

二　不当に，地域又は相手方により差別的な対価をもつて，商品又は役務を継続して供給することであつて，他の事業者の事業活動を困難にさせるおそれがあるもの

三　正当な理由がないのに，商品又は役務をその供給に要する費用を著しく下回る対価で継続して供給することであつて，他の事業者の事業活動を困難にさせるおそれがあるもの

四　自己の供給する商品を購入する相手方に，正当な理由がないのに，次のいずれかに掲げる拘束の条件を付けて，当該商品を供給すること。

イ　相手方に対しその販売する当該商品の販売価格を定めてこれを維持させることその他相手方の当該商品の販売価格の自由な決定を拘束すること。

ロ　相手方の販売する当該商品を購入する事業者の当該商品の販売価格を定めて相手方をして当該事業者にこれを維持させることその他相手方をして当該事業者の当該商品の販売価格の自由な決定を拘束させること。

五　自己の取引上の地位が相手方に優越していることを利用して，正常な商慣習に照らして不当に，次のいずれかに該当する行為をすること。

イ　継続して取引する相手方（新たに継続して取引しようとする相手方を含む。ロにおいて同じ。）に対して，当該取引に係る商品又は役務以外の商品又は役務を購入させること。

ロ　継続して取引する相手方に対して，自己のために金銭，役務その他の経済上の利益を提供させること。

ハ　取引の相手方からの取引に係る商品の受領を拒み，取引の相手方から取引に係る商品を受領した後当該商品を当該取引の相手方に引き取らせ，取引の相手方に対して取引の対価の支払を遅らせ，若しくはその額を減じ，その他取引の相手方に不利益となるように取引の条件を設定し，若しくは変更し，又は取引を実施すること。

六　前各号に掲げるもののほか，次のいずれかに該当する行為であつて，公正な競争を阻害するおそれがあるもののうち，**公正取引委員会が指定**するもの

イ　不当に他の事業者を差別的に取り扱うこと。

ロ　不当な対価をもつて取引すること。

　　ハ　不当に競争者の顧客を自己と取引するように誘引し,又は強制すること。

　　ニ　相手方の事業活動を不当に拘束する条件をもつて取引すること。

　　ホ　自己の取引上の地位を不当に利用して相手方と取引すること。

　　ヘ　自己又は自己が株主若しくは役員である会社と国内において競争関係に

　　　ある他の事業者とその取引の相手方との取引を不当に妨害し,又は当該事

　　　業者が会社である場合において,その会社の株主若しくは役員をその会社

　　　の不利益となる行為をするように,不当に誘引し,唆し,若しくは強制す

　　　ること。

（不公正な取引方法の禁止）

独禁法 第 19 条　事業者は,不公正な取引方法を用いてはならない。

(1)　不公正な取引方法概論

　ア　意義

　不公正な取引方法は,独禁法2条9項で定義され,同法19条で禁止されて
います。

　その市場効果要件は,「公正な競争を阻害するおそれ」となっており,不当な
取引制限などの競争の実質的制限ほど強固な競争への悪影響がなくても,規制
可能なものとなっています。

　そうした行為は多様なため,独禁法2条9項は,2つの態様で,定義を行っ
ています。

　①　法定類型

　　1つは,独禁法により直接定義づけるもので,1号から5号に規定されて
いるものがこれに当たります。

　　具体的には,共同の取引拒絶(1号),差別対価(2号),不当廉売(3号),
再販売価格維持（4号）,優越的地位の濫用（5号）です。

　②　指定類型

　　2つは,6号が定義しているもので,公正取引委員会の指定に委ねるもの
です。

まず，**一般指定**は，あらゆる業種に適用されるもので，15の行為類型が定められています。対象となる行為が多種多様であるため，指定の仕方も一般的・抽象的なものとなっています。

次に，**特殊指定**は，大規模小売業，物流業，新聞業の3業種について，定められています。

イ　制裁

まず，**排除措置命令**が定められています（独禁法20条）。

また，法定類型（独禁法2条9項1号ないし5号）に該当する行為には**課徴金**が課されます（同法20条の2ないし6）。このうち，独禁法2条9項1号ないし4号の行為には，10年以内に繰り返した場合は課徴金の対象となります。これに対して，優越的地位の濫用（独禁法2条9項5号）は1回だけの行為でも課徴金の対象となります。

刑事罰の定めはありません。

(2)　市場効果要件

ア　市場の画定

明文はありませんが，市場効果要件を判断する前提として，**市場の画定**が必要となります。市場は，**需要の代替性**を主として，必要に応じて**供給の代替性**等を考慮して判断されます。

イ　「公正な競争を阻害するおそれ」

次の3つの類型があるとされています。

① 市場において自由な競争が妨げられていること（**自由競争の減殺**）

② 品質・サービスを中心とした能率競争によるものでないこと（**競争手段の不公正さ**）

③ 取引主体の自主的はな判断で取引が行われていないこと（**自由競争基盤の侵害**）

これらの行為を放置すると，能率競争を中心とした公正かつ自由な競争が害されることになります。

「正当な理由がないのに」と定められている類型は，競争への悪影響が比較的強い類型とされ，公正競争阻害性が原則として推定されます。

これに対して，「不当に」と定められている類型は，競争への悪影響が比較的強くはない類型とされ，公正競争阻害性が推定されず，公正取引委員会が個別的具体的に主張立証していかなければならないとされています。

こうした「公正な競争を阻害するおそれ」は，「おそれ」があればよいので，公正な競争を阻害する「蓋然性」があれば足りるとされています。

(3) 行為類型

ア　取引拒絶（独禁法2条9項1号，一般指定1項，2項）

① 共同の取引拒絶

ⅰ　法定類型（独禁法2条9項1号）

法定類型では，商品・役務の「供給」を拒絶する行為を規制しています。事業者が共同で行う直接の取引拒絶(イ)と間接の取引拒絶(ロ)を規制します。

なお，共同の取引拒絶の結果，拒絶された事業者が市場に参入することが著しく困難になったり，市場から排除されて競争が実質的に制限される場合は，排除型私的独占や不当な取引制限として規制されることになります。

【行為要件】

①　複数の競争関係にある事業者が

②　「共同して」

③　取引拒絶を行い，または行わせること

共同の取引拒絶の趣旨は，「拒絶者集団が意思の連絡をもって共同で取引を拒絶する行為が被拒絶者の市場における事業活動を不可能又は著しく困難にし，ひいては不公正な取引につながる弊害があるため，その弊害を除去すること」にあります（東京高判平成22年1月29日〔ソニー・ミュージックエンタテイメント他3社着うた事件〕）。

共同する相手に競争関係にない事業者が混じっていた場合，競争関係にない事業者には，一般指定2項が適用されることがあります。

「共同して」は，不当な取引制限同様，**明示・黙示の意思の連絡**があること

第2節　独占禁止法　　119

をいいます。

【市場効果要件】

④　「正当な理由がない」こと

　契約自由の原則から，事業者は誰と取引するかを自由に決めることができます。そうすると，事業者が取引を拒絶すること自体が問題だというわけではありません。

　しかし，取引相手の選択して行われる取引拒絶は単独で行われれば足りるはずです。それを競争相手が結託して行うということには，通常は合理性がありません。にもかかわらず，このような競争者が共同して取引拒絶を行うのは，拒絶相手を市場から退出させたり，新規参入を拒んだり，革新的な販売方法をとらないようにさせたりするためであり，市場の価格を下がりにくくする効果（**自由競争の減殺**）があるのが通常です。

　そのために，公正競争阻害性が，原則として推認されているのです。

●ケース●違反事例 case

ロックマン工法事件（公取委勧告審決平成12年10月31日）

　「ロックマン工法」は，下水土管渠の敷設工事に適した工法である。ロックマン工法の施工業者17社は，施工業者団体に施工部会を設けて，ロックマン工法の実施に不可欠な機器（ロックマン機械）の独占的な販売業者と協力し，部会員と販売業者が非部会員に対してロックマン機械の貸与・販売を行うことを拒絶する旨を決定した。

　ⅱ　指定類型（独禁法2条9項6号イ，一般指定1項）

　指定類型では，商品・役務の「供給を受けること」を拒絶する行為を規制します。

② 　**その他の取引拒絶（一般指定2項）**

　一般指定2項は，単独の取引拒絶など，独禁法2条9項1号と一般指定1項以外のすべての取引拒絶を対象とします。これには，直接・間接の取引拒絶が

含まれます。

単独・直接の取引拒絶は、（契約自由の原則のうち）**取引先選択の自由**の範囲内の行為であり、違法となるのは例外的な事例に限られます。

公取委は、①独占禁止法上違法な行為の実行を確保するための手段として用いる場合、②市場における有力な事業者が、競争者を市場から排除するなどの独占禁止法上不当な目的を達成するための手段として取引拒絶を行い、これによって取引を拒絶される事業者の通常の事業活動が困難となるおそれがある場合には、例外的に方向性名取り引く方法に当たるとしています（流通取引ガイドライン第1部第3の2）。

イ　差別対価・差別的取扱い
① **差別対価**

差別対価は法廷類型（独禁法2条9項2号）と指定類型（一般指定3項）で規制されています。

差別対価については、①地域または相手方により対価について差別があること、②不当であることが要件です。また、課徴金の対象である法定類型については、さらに、③継続性と④他の事業者の事業活動を困難にするおそれがあることが要件となります。

取引先によって販売価格や取引条件が異なること自体には問題はありません。しかし、有力な事業者が、競争者を排除するために、その競争者と競合する販売地域に限って安売りをしたり、競争者の取引先に対してのみ安売りを行うなどして競争者の顧客を奪ったりするような場合には、公正競争阻害性が認められることがあります。

実質的に同一とはいえない商品について価格に差を設けたとしても差別対価とはなりません。

② **差別的取扱い（一般指定4項）**

差別的取扱いについては、①ある事業者に対し取引条件または実施について有利または不利な取扱いをすること　②不当であること　が要件となります。

第2節　独占禁止法

ウ　不当廉売（独禁法2条9項3号，6号ロ・一般指定6項）

①　法定類型（独禁法2条9項3号）

「正当な理由がないのに，商品又は役務をその供給に要する費用を著しく下回る対価で継続して供給することであって，他の事業者の事業活動を困難にさせるおそれがあるもの」を不公正な取引方法として規定します。

「供給に要する費用」とは，行為者の総販売原価をいいます。これは，製造業の場合は，製造原価に販売費と一般管理費を加えたものになります。これを「著しく下回る」価格とは，原価の内でも平均可変費用を下回る価格であるとされています（不当廉売ガイドライン3(1)ア(エ)a参照）。このような対価での供給は，供給すればするほど損失が拡大するため，経済合理性が認められないことが通常です。

「継続して」とは，相当期間にわたり繰り返し廉売を行っているか，その蓋然性があることをいいます。これは，毎日行われている必要はなく，毎週末に行われているような場合も該当します。

「正当な理由」が認められるのは，需給関係が低落している時に対応した価格を設定する場合や，生鮮食料品のように品質が急速に低下するおそれのあるものや，季節商品のように販売の最盛期を過ぎたものについて安売りをする場合等が挙げられます（不当廉売ガイドライン（3(3)））。

「他の事業者の事業活動を困難にさせるおそれ」にいう「他の事業者」とは，通常，競争者を意味しますが，廉売の態様によっては，競争関係にない者が含まれる場合があり得ます（公取委報道発表平成24年8月1日〔酒類卸売業者警告事件〕）。

②　指定類型

一般指定6項は，「不当に商品又は役務を低い対価で供給し，他の事業者の事業活動を困難にさせるおそれがあること」を不公正な取引方法として規定します。

エ　不当高価購入（独禁法2条9項6号ロ，一般指定7項）

メーカーが上流の市場で市場価格を上回る価格で原材料を購入し，ライバルが原材料を入手できなくするような行為も，自由競争を減殺するおそれがあり

ます。不当高価購入は，このような行為を規制するものです。

オ　欺まん的顧客誘引と不当な利益による顧客誘引

①　欺まん的顧客誘引（一般指定8項）

虚偽，誇大な広告や表示によって，顧客を自己と取引させるような行為がこれに当たります。実際に問題となることが多いのは，一般消費者に対する広告や表示ですが，これについては景品表示法によって規制されるため，現在では消費者庁が規制を行っています。

②　不当な利益による顧客誘引（一般指定9項）

景品，懸賞，融資等を正常な商慣習に照らして不当に提供することによって，競争者の顧客を自らと取引するよう誘引する行為がこれに当たります。景品表示法は，「取引に付随して」提供される景品類を対象としているので，それ以外の利益による顧客誘引が一般指定9項の対象です。

③　公正競争阻害性

一般指定8項と9項は，いずれも，競争手段としての不公正さに着目したものです。顧客の適切かつ自由な商品選択が歪められることを問題とします。

カ　再販売価格の拘束（独禁法2条9項4号）

【行為要件】

① 商品の販売価格を拘束し（イ）

または

①' 商品の販売価格を拘束させること（ロ）

「自己供給する商品を購入する相手方」とは，直接的に購入する相手方だけでなく，間接的に購入する相手方も含みます。

「拘束」とは，「その取引条件に従うことが契約上の義務として定められていることを要せず，それに従わない場合に経済上のなんらかの不利益を伴うことにより現実にその実効性が確保されていれば足りる」とされています（最判昭和50年7月10日〔第一粉ミルク事件〕）。

第2節 独占禁止法

【市場効果要件】

② 「正当な理由がない」こと

再販売価格維持行為は，i 流通業者間の価格競争を消滅させたり，ii カルテルの実効性確保手段として使われたり，iii ブランド間の競争を制限したりすることによって，自由競争を減殺します。そのため，再販売価格維持行為は，**原則として公正競争阻害性がある**とされています。

「正当な理由」は，(ア) 再販売価格の拘束によって実際に競争促進効果が生じてブランド間競争(他のメーカーの同種の商品も含めた販売価格競争)が促進され，(イ) それによってその商品の需要が増大し，消費者の利益の増進が図られ，(ウ) そのような競争促進効果が再販売価格拘束以外のより競争阻害的でない他の方法によっては生じ得ないものである場合において，(エ) 必要な範囲と必要な期間に限り，認められるとされています（流通・取引ガイドライン第2部第1の2(2)）。

もっとも，書籍，雑誌，新聞，音楽CD（レコード・テープを含む）については，例外的に再販売価格の拘束が認められています（独禁法23条4項）。ただし，再販売価格の拘束は，一般消費者の利益を不当に害することとなる場合と生産者の意に反して行うことはできません（同条1項但書）。

キ 抱き合わせ販売（一般指定10項等）

【行為要件】

① 別個の商品を購入させ

別個の商品であるかは，i 抱き合わせ商品(主たる商品)と被抱き合わせ商品(従たる商品)に別個の需要があるか，ii 独立の取引の対象にされているかによって判断されます。

「購入させ」「強制する」とは，従たる商品を購入しなければ主たる商品を供給しないという関係にあることをいいます。ある商品の供給を受ける際に，客観的に見て少なからぬ顧客が従たる商品の購入を余儀なくされている場合は，このような「強制」は認められます（公取委審判審決平成4年2月28日〔藤田屋

事件〕)。

【市場効果要件】

② 公正競争阻害性があること（「不当に」）

抱き合わせ販売の公正競争阻害性は，**自由競争減殺と競争手段としての不公正さ**（顧客の商品選択の自由の侵害）にあります。

●ケース● **case**

1 藤田屋事件（公取委審判審決平成4年2月28日）

藤田屋は，ゲームソフトを一次卸売業者から購入し，小売業者へと販売する二次卸売業者である。藤田屋は平成2年2月から発売されたドラゴンクエストⅣを約7万7,600本購入した。

ドラゴンクエストⅣは人気があり，小売業者はソフトの確保に躍起になっていた。そこで，藤田屋は小売業者25社に対して，在庫となっている合計約3,500本のソフトを購入しなければドラゴンクエストⅣ合計1,700本を販売しないこととした。

2 東芝エレベータテクノス事件（大阪高判平成5年7月30日）

東芝エレベータテクノスは，東芝の子会社で，東芝製のエレベーターの保守点検業務を行うとともに，東芝製エレベーターの保守部品を事実上独占して販売していた。

エレベーターの保守点検業務については，メーカー系の業者の他に独立系の保守業者があった。

東芝エレベータテクノスは，独立系保守業社と契約しているビルのオーナーがエレベーターの急停止事故が発生したために同社に部品の納入を依頼したのに対し，取り替え調整工事込みでなければ，すぐに部品を納入することはできないとした。

第2節　独占禁止法

ク　排他条件付取引（一般指定11項）

【行為要件】

① 競争者と取引しないという拘束があること
② 競争者の取引機会を減少させるおそれがあること

「競争者」は，現に競争関係にある者のほか，潜在的な競争者を含みます。また，排他条件付取引は，競争者一般と取引しない（競争者すべてと取引しない）という者を指します。特定の競争者と取引しないという拘束は，次の拘束条件付取引の問題であるとされています。

【市場効果要件】

② 「不当」であること

経済取引において，メーカーと販売業者との間で，継続的な取引が行われることはしばしば見られます。こうした特約店契約や総代理店契約について，排他的な関係を形成することは，専門的能力を発揮して競争を行うためには必要なことといえます。

そのため，「不当に」と規定されているように，排他条件付き取引が違法となるのは例外的な場合に限られます。具体的には，競争者の取引の機会が減少し，他に代わり得る取引先を容易に見い出すことができなくなくなるおそれがある場合に，違法となるとされています。

ケ　拘束条件付取引（一般指定12項）

拘束条件付取引は，再販売価格の拘束（独禁法2条9項4号）と排他条件付取引（一般指定11項）に該当する行為以外のあらゆる不当な拘束条件を付した取引を対象とするものです。

【行為要件】

① 「拘束」を付して取引したこと

【市場効果要件】

> ②　「不当」であること

　不公正な取引方法として違法となるのは，新規参入者や既存の競争者にとって代替的な流通経路を容易に確保することができなくなるおそれがある場合や，拘束の対象商品の価格が維持されるおそれがあるような場合に限られます（流通・取引ガイドライン第2部3⑶）。

　拘束条件付き取引の相手方となる流通業者に課される制限としては，㋐販売地域の制限，㋑販売先の制限，㋒販売方法の制限などがあります。

　㋐　販売地域の制限（テリトリー制）

　メーカーは，流通業者に対して，効率的な販売拠点やアフターサービス拠点の構築等の理由から，自らの商品の販売地域に制限を課すことがあります。

　販売地域の制限には競争上のメリットがあります。それは，特定の流通業者が販売促進活動等をした場合に，他の流通業者がそれにただ乗りをすることを防止することが挙げられます。

　流通取引ガイドラインでは，販売地域の制限を4つに分けています（流通・取引ガイドライン第2部第二3⑴）。具体的には，〔ⅰ〕責任地域制（メーカーが流通業者に対し，一定の地域を主たる責任地域として定め，当該地域内において，積極的な販売活動を行うことを義務づけること），〔ⅱ〕販売拠点制（メーカーが流通業者に対して，店舗等の販売拠点の設置場所を一定地域内に限定したり，販売拠点の設置場所を指定したりすること），〔ⅲ〕厳格な地域制限（メーカーが流通業者に対して，一定の地域を割り当て，地域外での販売を制限すること），〔ⅳ〕地域外顧客への販売制限（メーカーが流通業者に対して，一定の地域を割り当て，ⅲに加えて地域外顧客からの求めに応じた販売をも制限すること）が挙げられます。

　メーカーが商品の効率的な販売拠点構築やアフターサービス体制の確保等のためⅰⅱをとることは，ⅲⅳに該当しない限り，違法とはなりません。ⅲは，市場における有力なメーカーが行い，これによって当該商品の価格が維持されるおそれがある場合に，違法となります（流通・取引ガイドライン第2部第二3⑶）。ⅳは，これによって当該商品の価格が維持される恐れがある場合に，違

法となります（有力なメーカーでなくてもよい）。

「価格が維持されるおそれがある」かどうかは，〔ア〕ブランド間競争の状況，〔イ〕ブランド内競争の状況，〔ウ〕制限を受ける販売業者の数・市場における地位，〔エ〕制限が販売業者の事業活動に及ぼす影響などを総合的に考慮して判断されます。

　㈲　販売先の制限

　販売先の制限は，メーカーが安売りを行う小売業者に対して販売させないようにする場合などに問題になります。

　また，帳合取引（卸売業者と取引する小売業者を固定すること）の義務づけや仲間取引の禁止（流通業者に商品の横流しを禁止すること）は，それによって当該商品の価格が維持されるおそれがある場合に違法となります。

●ケース●　case

3　ソニー・コンピュータエンタテイメント（SCE）事件（公取委審判審決平成13年8月1日）

　ソニー・コンピュータエンタテイメント（SCE）は，同社が販売するゲーム機である「プレイステーション」用のゲームソフトの販売に当たって，直接小売業者と取引し，小売業者が一般消費者に販売するという直取引システムを基本とする事業方針を採用した。

　SCEは，この事業方針を実現するため，小売業者は，プレイステーション製品を一般の消費者のみに販売し，また，卸売業者は取引先小売業者のみに販売することとした。しかし，プレイステーションの販売後間もなく，横流し等が生じたため，SCEは，違反販売業者への出荷停止や契約解除を行った。

　㈹　販売方法の制限

　メーカーが，商品の品質・安全性やブランドイメージの確保等のために，小売業者に対して，販売方法を制限することがあります。

　このうち，商品の説明販売の義務づけや，品質管理の条件の設定，販売コー

ナーの設置の義務づけなどについては、①それなりの合理的な理由があり、②他の取引先小売業者にも同様の条件が課されている場合には、違法となりません（最判平成10年12月18日〔資生堂東京販売事件〕）。

流通・取引ガイドラインによれば、販売方法の制限を手段として、価格拘束をしたり、販売先や競争者の商品の取り扱いについて制限したりする場合には、相手型事業者間の競争が減殺され、価格が維持されるおそれがあるか、競争者の取引の機会が減少し、代替的な取引先を容易に見い出すことができなくなるおそれがあれば違法となります（第2部第2の6）。

●ケース●

4　資生堂東京販売事件（最判平成10年12月18日）

資生堂は、化粧品の販売について、特約店契約において取引先特約店に対面販売を行うよう義務づけていた。化粧品の販売業者は、このような対面販売の義務づけが違法である旨主張した。

最高裁は、商品の特性に鑑みれば、対面販売という販売方法を採ることはそれなりの合理性があると判断した。

コ　優越的地位の濫用（独禁法2条9項5号）

【行為要件】

① 優越的地位の利用
② 濫用行為

「優越的地位」とは、取引の相手方との関係において、**相対的な優越性**があることをいいます。市場支配力にあること（絶対的な優越性）は必要ありません。

【優越ガイドライン・第2の1（公取委平成22年）】

取引の一方の当事者（甲）が他方の当事者（乙）に対し、取引上の地位が優越しているというためには、市場支配的な地位又はそれに準ずる絶対的に優越した

地位である必要はなく，取引の相手方との関係で相対的に優越した地位であれば足りると解される。甲が取引先である乙に対して優越した地位にあるとは，乙にとって甲との取引の継続が困難になることが事業経営上大きな支障を来すため，甲が乙にとって著しく不利益な要請等を行っても，乙がこれを受け入れざるを得ないような場合である。

　濫用行為としては，独禁法2条9項5号イは，「継続して取引する相手方（新たに継続して取引しようとする相手方を含む。ロにおいて同じ。）に対して，当該取引に係る商品又は役務以外の商品又は役務を購入させること。」と定めます。これは，購入や利用を強制する行為があたります。

　次に，同号ロは，「継続して取引する相手方に対して，自己のために金銭，役務その他の経済上の利益を提供させること。」と定めます。これは，協賛金の収受や取引先従業員などの不当利用があたります。

　また，同号ハは，「取引の相手方からの取引に係る商品の受領を拒み，取引の相手方から取引に係る商品を受領した後当該商品を当該取引の相手方に引き取らせ，取引の相手方に対して取引の対価の支払いを遅らせ，若しくはその額を減じ，その他取引の相手方に不利益となるように取引の条件を設定し，若しくは変更し，又は取引を実施すること」と定めます。これは，受領の拒否，不当返品，支払遅延，不当値引き，買いたたきなどの多様な行為を含みます。

【市場効果要件】

③　正常な商慣習に照らして不当に

　自由競争基盤の侵害が必要です。

　これは，取引主体が取引の諾否と取引条件について，自由かつ自主的に判断することによって取引が行われることをいいます。

　「正常な商慣習」は，公正な競争秩序の維持・促進の観点から認められるものであって，現に存在する商慣習だというだけでは正当化されません（公取委審判審決平成27年6月4日〔日本トイザらス事件〕）。

サ　取引の相手方の役員選任への不当干渉（一般指定13項）

優越的地位の濫用とされた行為のうち，役員選任への不当干渉は，一般指定13項に定めがあります。これは，近時は規制実績がないことから，課徴金規制のある法定類型とされずに，一般指定として定められているものです。

シ　競争者に対する取引妨害（一般指定14項），内部干渉（一般指定15項）

取引妨害（一般指定14項）にいう「競争関係」には，潜在的な競争関係を含みます。同項の「不当に」とは，**競争手段の不公正さ**と**自由競争の減殺**の双方があります。

内部干渉（一般指定15項）にいう「不当に」とは，**競争手段の不公正さ**をいいます。

7　事業者団体の活動

（定義）

独禁法 第2条（抜粋）

2項　この法律において「事業者団体」とは，事業者としての共通の利益を増進することを主たる目的とする2以上の事業者の結合体又はその連合体をいい，次に掲げる形態のものを含む。ただし，2以上の事業者の結合体又はその連合体であつて，資本又は構成事業者の出資を有し，営利を目的として商業，工業，金融業その他の事業を営むことを主たる目的とし，かつ，現にその事業を営んでいるものを含まないものとする。

一　2以上の事業者が社員（社員に準ずるものを含む。）である社団法人その他の社団

二　2以上の事業者が理事又は管理人の任免，業務の執行又はその存立を支配している財団法人その他の財団

三　2以上の事業者を組合員とする組合又は契約による2以上の事業者の結合体

（事業者団体の禁止行為）

独禁法 第8条　事業者団体は，次の各号のいずれかに該当する行為をしてはな

らない。

一　一定の取引分野における競争を実質的に制限すること。

二　第6条に規定する国際的協定又は国際的契約をすること。

三　一定の事業分野における現在又は将来の事業者の数を制限すること。

四　構成事業者（事業者団体の構成員である事業者をいう。以下同じ。）の機能又は活動を不当に制限すること。

五　事業者に不公正な取引方法に該当する行為をさせるようにすること。

　事業者団体の活動については，団体の組織的活動を通じて競争制限や競争阻害活動が行われることを禁止することが目的です。1項の規制は，不当な取引制限等の補完的な規制と位置づけられますが，共同行為などの要件がないために，適用範囲が広く，大きな役割を果たしています。

　「事業者団体」にあたるためには，「事業者としての共通の利益」の増進を「主たる目的」とすることが必要です。

　「事業者としての共通の利益」は，構成事業者の経済活動上の利益に直接または間接に寄与するものであればよいと解されています。また，「主たる目的」は，いくつかの目的のうちの主要なものの1つであればよいとされています。

1 優越的地位の濫用の補完立法

優越的地位の濫用が起こりやすいものとして，下請取引があります。

発注側（親事業者）と受注側（下請事業者）との間に，構造的な力関係があること，継続的な取引関係があってそうした力関係がより顕著になること，下請事業者は相応の投資等が必要となることから，我が国では，しばしば「下請いじめ」が問題となってきました。

下請代金支払遅延等防止法（以下では「下請法」とします。）は，下請代金の支払遅延等を防止することによって，親事業者の下請事業者に対する取引を公正にするとともに，下請事業者の利益を保護することを目的としています（下請法1条）。

> **（目的）**
> **下請法 第1条** この法律は，下請代金の支払遅延等を防止することによつて，親事業者の下請事業者に対する取引を公正ならしめるとともに，下請事業者の利益を保護し，もつて国民経済の健全な発達に寄与することを目的とする。

下請法の特徴は，独占禁止法に比して，簡易迅速な手続きで救済を受けることができる点にあります。

2 形式的判断

独禁法の優越的地位の濫用では，個別具体的な実質的判断が必要で，規制のハードルはそれなりに高いといえます。しかし，それでは，頻発する下請業者に対する圧迫を十分には規制できないおそれがあります。

そこで，下請法では形式的な判断が可能となるよう，類型化を活用した制度設計がなされています。

(1) 手続的規制

下請取引では，書面が交付されない口頭での取引が行われがちです。これで

は，親事業者が代金の支払時期を違えた場合などに，言い逃れする余地を生じるかもしれません。

そこで，下請法では，親事業者に注文書の交付（下請法3条）等の義務を課しています。これによって，手続的に優越的地位の濫用が起こりにくくなるよう，担保しているのです。

（書面の交付等）

下請法 第3条

1項　親事業者は，下請事業者に対し製造委託等をした場合は，直ちに，公正取引委員会規則で定めるところにより下請事業者の給付の内容，下請代金の額，支払期日及び支払方法その他の事項を記載した書面を下請事業者に交付しなければならない。ただし，これらの事項のうちその内容が定められないことにつき正当な理由があるものについては，その記載を要しないものとし，この場合には，親事業者は，当該事項の内容が定められた後直ちに，当該事項を記載した書面を下請事業者に交付しなければならない。

2項　親事業者は，前項の規定による書面の交付に代えて，政令で定めるところにより，当該下請事業者の承諾を得て，当該書面に記載すべき事項を電子情報処理組織を使用する方法その他の情報通信の技術を利用する方法であつて公正取引委員会規則で定めるものにより提供することができる。この場合において，当該親事業者は，当該書面を交付したものとみなす。

---

(2) 禁止行為の類型化

下請法は，親事業者に対する禁止行為を類型化しています（下請法4条）。独禁法の優越的地位の濫用等と比して，法的判断の余地が少ない定め方をされている点に特徴があります。

具体的に以下の行為が規定されています。

①　受領拒否（1項1号）

②　下請代金の支払遅延（1項2号）

③　下請代金の減額（1項3号）

④　返品（1項4号）

⑤　買いたたき（1項5号）

⑥　購入・利用強制（1項6号）

⑦　報復措置（1項7号）

⑧　有償支給原材料等の対価の早期決済（2項1号）

⑨　割引困難な手形の交付（2項2号）

⑩　不当な経済上の利益の提供要請（2項3号）

⑪　不当な給付内容の変更及び不当なやり直し（2項4号）

(3)　規制手段

　公取委は，親事業者に対し，違反行為を取りやめて原状回復させることを求めるとともに，再発防止などの措置を実施するよう，勧告をすることができます（下請法7条）。

　これは，強制力のない勧告に留まる点で，独禁法における優越的地位の濫用に対する規制とは異なっています。ただし，勧告は，公表することができますので，相応の規制効果を期待することができます。

（勧告）

下請法 第7条

1項　公正取引委員会は，親事業者が第4条第1項第1号，第2号又は第7号に掲げる行為をしていると認めるときは，その親事業者に対し，速やかにその下請事業者の給付を受領し，その下請代金若しくはその下請代金及び第4条の2の規定による遅延利息を支払い，又はその不利益な取扱いをやめるべきことその他必要な措置をとるべきことを勧告するものとする。

2項　公正取引委員会は，親事業者が第4条第1項第3号から第6号までに掲げる行為をしたと認めるときは，その親事業者に対し，速やかにその減じた額を支払い，その下請事業者の給付に係る物を再び引き取り，その下請代金の額を引き上げ，又はその購入させた物を引き取るべきことその他必要な措置をとるべきことを勧告するものとする。

3項　公正取引委員会は，親事業者について第4条第2項各号のいずれかに該当する事実があると認めるときは，その親事業者に対し，速やかにその下請事業者の利益を保護するため必要な措置をとるべきことを勧告するものとする。

第7章
知的財産法の基礎

　いわずもがな知財立国日本を標榜しており重要な法分野になります。とはいえ，我が国ではまだまだ特許，商標を始めとした知的財産権に関する無関心から大切な財産を守れていない事例が数多く存在します。そこで，本書において知的財産法の基礎を理解して頂き，自社の重要な資源である知的財産を守って頂きたいと思っております。知的財産法の分野についても日進月歩する分野でありますので，新しい情報にアンテナを張って頂きたいと思います。

第1節 — 序論

　私たちが日常生活を送り，経済活動を行う一方で，様々な生産活動もまた同時に行われています。製品化され大量生産される商品も，その開発過程においては思考を巡らせアイディアを凝結し，試行錯誤を重ねて創作するという知的活動が行われています。

　いまだかつてないアイディアは，製品化され市場で取引される段階になって初めて，それまでに投資した費用を回収できることになります。それにもかかわらず，何ら知的生産を行わず，他人のアイディアにただ乗りして同様の製品を販売する者が現れたとしたらどうでしょう。研究開発に投資していないため価格も安価に設定できるため，先行製品より儲けが大きくなるのです。

　そこで，知的財産を保護するために様々な法令が準備されているのです。

　あらためて，「知的財産」とは，発明，考案，植物の新品種，意匠，著作物その他の人間の創造的活動により生み出されるもの（発見又は解明がされた自然の法則又は現象であって，産業上の利用可能性があるものを含む。），商標，商号その他事業活動に用いられる商品又は役務を表示するもの及び営業秘密その他の事業活動に有用な技術上又は営業上の情報をいうものとされています（知的財産基本法2条1項）。

　その上で，「知的財産権」とは，特許権，実用新案権，育成者権，意匠権，著作権，商標権その他の知的財産に関して法令により定められた権利又は法律上保護される利益に係る権利をいうとされ（知的財産基本法2条2項），特許法，実用新案法，種苗法，商標法といった様々な法律によって保護されています。

　この章では，これらの知的財産権について規律する個々の法律を総称して「知的財産法」と呼ぶこととし，特許法と商標法を取上げ，その構成について概観していくこととします。

第2節 特許法

1 特許法概説 (68条)

特許権とは

> **(特許権の効力)**
>
> **特許法 第68条** 特許権者は，業として特許発明の実施をする権利を専有する。ただし，その特許権について専用実施権を設定したときは，専用実施権者がその特許発明の実施をする権利を専有する範囲については，この限りでない。

　特許法68条によれば，特許権とは，特許発明を業として実施できる権利ということになります。

　ここで用語の説明をしておきます。

　① 「業として」とは，個人が家庭内で行うような場合以外での実施態様を指します。

　② 「特許発明」とは

　　特許法2条1項では，「発明」とは，「自然法則を利用した技術的思想の創作のうち高度のもの」であるとされています。

2 特許権の成立要件

(1) 発明

　「発明」は，①物の発明・②方法の発明・③物を生産する方法の発明に分類されます（特許法2条3項）。

　薬を例にとって「発明」を説明すると，

　① **物の発明** ： 薬剤そのもの

　② **方法の発明** ： 薬剤の製造方法

　③ **物を生産する方法の発明** ： 薬剤を生産する方法

に，それぞれ該当することとなります。

　なお，自然法則を利用した技術的思想の創作であっても「高度のもの」との要件を充たさない場合は物品の形状，構造又は組合せに係るものであれば，実

用新案法2条の「考案」として保護される可能性があります。

●Column● 自然法則を利用した技術的思想の創作

　自然法則とは，たとえば万有引力の法則をいいますが，新たな自然法則を【発見】しただけではそれは「利用」にあたりません。また，「技術的思想」といえるためには実現可能性や反復可能性が必要されています（中山信弘『特許法』弘文堂）。これらを用いた「創作」のうち実用新案法の対象となる「考案」にあたらないものが「高度」のものといわれています。

●Column● ビジネスモデル特許（ビジネス関連発明）

　ビジネスを行うにあたりIT技術ないし情報通信技術を駆使する等の方法を用いることがあり，当該ビジネスを行う方法に特許が付与されることがあります。

　たとえば，カルチュア・コンビニエンス・クラブ㈱の特許4854697号「レンタル商品返却システム」は以下のビジネス関連発明に特許を付与されています。

　【課題】　配送者を通じてレンタル商品を返却することができるようにし，配送者を通じてレンタル商品を返却した場合においても当該レンタル商品の返却期限の管理や貸し出し中のレンタル商品の追跡が容易に可能なレンタル商品返却システムを提供することを目的とする。

　【解決手段】　レンタル商品または収納ケースに対してレンタル商品に固有の識別子を付与するための識別子記録体を設け，レンタル店において識別子と関連付けて貸し出しデータを認証する手段と，配送者の管理下にある回収箱に投函されたレンタル商品が配送者に回収された際に識別子と関連付けてレンタル商品または前記レンタル商品群を回収したことを認証する手段と，前記配送者が回収認証データを識別子と関連付けて前記レンタル店に知らせる手段を備えている。

第2節　特許法

(2)　産業上の利用可能性

　特許権といえるためには，先に見た特許発明であることに加え，産業上の利用可能性を満たしていることが必要です。創作意欲を促進し創作活動を保護しようとした法の趣旨からすると，利用可能性のないものを保護する必要はないからです。

（特許の要件）

特許法 第 29 条

　1項　産業上利用することができる発明をした者は，次に掲げる発明を除き，その発明について特許を受けることができる。

　（一から三の各号省略）

　2項　特許出願前にその発明の属する技術の分野における通常の知識を有する者が前項各号に掲げる発明に基いて容易に発明をすることができたときは，その発明については，同項の規定にかかわらず，特許を受けることができない。

---

(3)　新規性

　特許法の立法趣旨は，「発明の保護及び利用を図ることにより，発明を奨励し，もつて産業の発達に寄与すること」(特許法1条) にあるため，これまでにない発明を保護の対象にする必要があります。

　新規性の有無は，公知・公用，刊行物記載等があるかによって判断されます。

（特許の要件）

特許法 第 29 条

　1項　産業上利用することができる発明をした者は，次に掲げる発明を除き，その発明について特許を受けることができる。

　　一　特許出願前に日本国内又は外国において公然知られた発明

　　二　特許出願前に日本国内又は外国において公然実施をされた発明

　　三　特許出願前に日本国内又は外国において，頒布された刊行物に記載された

発明又は電気通信回線を通じて公衆に利用可能となった発明

2項　（略）

(4)　進歩性

（特許の要件）

特許法 第 29 条

1項　（略）

2項　特許出願前にその発明の属する技術の分野における通常の知識を有する者が前項各号に掲げる発明に基いて容易に発明をすることができたときは，その発明については，同項の規定にかかわらず，特許を受けることができない。

　その発明の属する技術の分野における通常の知識を有する者（当業者）が容易に考案できる思想であるなら，あえて特許法上保護する必要はないため特許を受けることができないとされています。

(5)　手続的要件

　ア　手続きの流れ

　ここでは，実際の特許出願手続きについて簡単に見ておきます。

　特許庁に対して特許出願を行います。願書に明細書，特許請求の範囲，必要な図面および要約書を添付し（特許法 36 条 2 項）特許庁に対して特許出願を行います（同 36 条 1 項）。

　出願が受け付けられた後に書類の不備がないか等の方式審査がされます。

　方式審査後，実体審査に進むためには 3 年以内に審査請求しなければなりません（特許法 48 条の 3）。方式審査を経た後，3 年以内に出願の審査請求がされたものに対してのみ，実体審査が行われます。

（特許出願の審査）

特許法 第 48 条の 2

　特許出願の審査は，その特許出願についての出願審査の請求をまつて行なう。

第 2 節　特許法

> **（出願審査の請求）**
>
> 特許法 第 48 条の 3
>
> 1 項　特許出願があつたときは，何人も，その日から三年以内に，特許庁長官に
> 　　　その特許出願について出願審査の請求をすることができる。
>
> 2 項〜 8 項　　（略）

　実体審査において，拒絶理由（特許法 49 条）がないか審査され，拒絶理由が
なければ特許査定されます（同 51 条）。

　拒絶査定がされた場合，特許庁に対して拒絶査定不服審判を申立てることが
できます。

　なお，不服申し立てのフロー図が特許庁のホームページで公開されています
ので参考にしてみてください。

　https://www.jpo.go.jp/seido/tokkyo/tetuzuki/shinpan/tokkyoigi/pdf/in
dex/flow_shousai.pdf

　イ　先願主義（先願，特許法 39 条・拡大先願，同 29 条の 2 ）

　先発明主義に対する概念であり，同一の発明について異なった日に 2 つ以上
の特許出願があった時は，最先の特許出願人のみがその発明について特許を受
けることができるとする考え方です。特許権の成立を，先発明主義よりも客観
的に判断することができます。

　以上の出願手続きは，特許を受ける権利を有する者が行い得ます。

3　特許権の帰属

　特許権は誰に帰属し，誰が行使できるのでしょうか。

　原則として，特許を受ける権利（特許法 33 条 1 項）は発明を完成させた発明
者に帰属します。発明者と認定されるためには，単に管理あるいは補助・援助
しただけでは足りず，発明への相応寄与・関与が求められます。

　もっとも，特許を受ける権利は移転することができるとされているため，当
初の発明者以外の者が特許を受ける権利を行使し特許権者となることもありま
す。

(1) 共同発明

発明を完成したのが一人であるとは限りません。誰かと共同して研究に取り組み，発明を共同して完成させた場合については，特許法38条で規定されています。

> **（共同出願）**
>
> **特許法 第 38 条** 特許を受ける権利が共有に係るときは，各共有者は，他の共有者と共同でなければ，特許出願をすることができない。

(2) 職務発明

ア 概論

職務発明とは，たとえば従業員が所属する勤務先において職務上発明したような場合をいいますが，発明が完成するまでに多大な研究開発コストをかけた会社と，発明に関与した従業員個人のどちらに特許権を帰属させるべきであるかの議論があります。職務発明に関して，使用者等と発明に携わった従業員等との間の法律関係を整理したのが特許法35条です。

> **（職務発明）**
>
> **特許法 第 35 条**
>
> **1項** 使用者，法人，国又は地方公共団体（以下「使用者等」という。）は，従業者，法人の役員，国家公務員又は地方公務員（以下「従業者等」という。）がその性質上当該使用者等の業務範囲に属し，かつ，その発明をするに至つた行為がその使用者等における従業者等の現在又は過去の職務に属する発明（以下「職務発明」という。）について特許を受けたとき，又は職務発明について特許を受ける権利を承継した者がその発明について特許を受けたときは，その特許権について通常実施権を有する。
>
> **2項** 従業者等がした発明については，その発明が職務発明である場合を除き，あらかじめ，使用者等に特許を受ける権利を取得させ，使用者等に特許権を承継させ，又は使用者等のため仮専用実施権若しくは専用実施権を設定することを定めた契約，勤務規則その他の定めの条項は，無効とする。
>
> **3項** 従業者等がした職務発明については，契約，勤務規則その他の定めにおい

てあらかじめ使用者等に特許を受ける権利を取得させることを定めたときは，その特許を受ける権利は，その発生した時から当該使用者等に帰属する。

4項 従業者等は，契約，勤務規則その他の定めにより職務発明について使用者等に特許を受ける権利を取得させ，使用者等に特許権を承継させ，若しくは使用者等のため専用実施権を設定したとき，又は契約，勤務規則その他の定めにより職務発明について使用者等のため仮専用実施権を設定した場合において，第三十四条の二第二項の規定により専用実施権が設定されたものとみなされたときは，相当の金銭その他の経済上の利益（次項及び第七項において「相当の利益」という。）を受ける権利を有する。

5項 契約，勤務規則その他の定めにおいて相当の利益について定める場合には，相当の利益の内容を決定するための基準の策定に際して使用者等と従業者等との間で行われる協議の状況，策定された当該基準の開示の状況，相当の利益の内容の決定について行われる従業者等からの意見の聴取の状況等を考慮して，その定めたところにより相当の利益を与えることが不合理であると認められるものであつてはならない。

6項 以下 …（省略）…

イ　要件

　従業者等がした発明であることに加え，当該発明自体が性質上，使用者等の業務範囲に属していること，さらに，当該発明をするに至った行為が従業者等の職務に属していることが必要とされています。

　これらの要件をみたし職務発明となれば，使用者等には無償の法定通常実施権が認められます。従業員等がひとりでなし得た発明ではなく，使用者等によるコスト負担のほか組織的支援等があったからこそであり，使用者等は，当該発明に利害関係を有しているといえるからです。

　もっとも，使用者等は，規程等に明記することによって，職務発明であっても，特許を受ける権利を当初から自己に帰属させることができるようにすることもできます（特許法35条3項）。

　この場合，従業員等は当該発明の完成にどれだけ貢献していたとしても，特許を受ける権利を取得することはできません。そこで，このような場合，従業

員等は使用者等から「相当の対価」を受けることとなります（特許法35条4項）。

相当の利益についての定めがない場合や定めがあっても相当の利益を与えることが不合理であると認められる場合には，相当の利益の内容はその発明により使用者等が受けるべき利益の額，その発明に関連して使用者等が行う負担，貢献及び従業者等の処遇その他の事情を考慮して定めなければならないとされています（特許法35条7項）。

4 実施権

ライセンシーは，特許権者（ライセンサー）から特許の実施権を設定されることで，業として特許発明を実施する許諾することができます。

実施権には，専用実施権（特許法77条）および通常実施権があります（同78条）。

専用実施権は登録することで実施することが可能になります。専用実施権を設定すると，特許権者も当該特許の実施ができなくなるという強力な権利です。

通常実施権には登録は必要ありません。

5 特許権の効果

特許権を取得すれば，当該特許の排他的・独占的利用が可能になります。

特許権を利用し得ない者が特許権を行使している場合に，権利者はどのような対抗手段をとることができるでしょうか。

(1) 特許権侵害とは

特許権は，当該特許発明を実施できるという効果を有します。特許権を有していない者，特許権者から当該特許を実施する権限を付与されていない者が当該特許を実施すれば，本来の権利者の独占的にその特許を実施する権利が侵害されます。

特許出願をする際に，すべての侵害態様の可能性を予期して書類の記載を行うことは不可能です。そのため，特許請求の範囲の文言そのものに抵触する形

第2節　特許法　145

で特許権を侵害する場合のほか，以下の一定の場合には特許権侵害と認められる場合があります。

(2)　均等侵害

特許の，①非本質部分につき②置換可能性③置換容易性④非容易推考性がある場合に，あえて出願時に特許請求の範囲に記載しなかった等の⑤特段の事情がなければ，特許権侵害が成立するとされています。

知財高裁大合議判決 平成28年3月25日判決（平成27年（ネ）第10014号）特許権侵害行為差止請求控訴事件では均等侵害の成立が認められました。

(3)　侵害とみなす行為（特許法101条）

（侵害とみなす行為）

特許法 第101条　次に掲げる行為は，当該特許権又は専用実施権を侵害するものとみなす。

　一　特許が物の発明についてされている場合において，業として，その物の生産にのみ用いる物の生産，譲渡等若しくは輸入又は譲渡等の申出をする行為

　二　特許が物の発明についてされている場合において，その物の生産に用いる物（日本国内において広く一般に流通しているものを除く。）であつてその発明による課題の解決に不可欠なものにつき，その発明が特許発明であること及びその物がその発明の実施に用いられることを知りながら，業として，その生産，譲渡等若しくは輸入又は譲渡等の申出をする行為

　三　特許が物の発明についてされている場合において，その物を業としての譲渡等又は輸出のために所持する行為

　四　特許が方法の発明についてされている場合において，業として，その方法の使用にのみ用いる物の生産，譲渡等若しくは輸入又は譲渡等の申出をする行為

　五　特許が方法の発明についてされている場合において，その方法の使用に用いる物（日本国内において広く一般に流通しているものを除く。）であつてその発明による課題の解決に不可欠なものにつき，その発明が特許発明であること及びその物がその発明の実施に用いられることを知りながら，業として，

その生産，譲渡等若しくは輸入又は譲渡等の申出をする行為

六　特許が物を生産する方法の発明についてされている場合において，その方法により生産した物を業としての譲渡等又は輸出のために所持する行為

6　特許権侵害からの救済手段

(1)　差止請求（特許法 100 条 1 項）

　侵害行為の差止のほか侵害の予防に必要な行為の請求することができます（特許法 100 条 2 項）。

(2)　損害賠償請求（民法 709 条）

　特許権侵害により損害が発生した場合には，特許権者等の権利者は侵害者に対し民法上の不法行為に基づく損害賠償請求をすることができます。必要とされる要件は①故意または過失②損害の発生③侵害行為と損害との間の因果関係であり，過失については特許法 103 条で推定されています。

　また，損害額の算定についても特則が規定されており（特許法 102 条），立証の容易化が図られています。

(3)　特許権に基づく請求に対する抗弁

ア　消尽論

　　特許製品は権利者が自ら譲渡した場合にはその目的を達成したものとして消尽するため，特許権を行使することができないとする考え方です。明文規定はありません。

イ　試験・研究のための実施（特許法 69 条 1 項）　特許法の目的（特許法 1 条）の一つでもある「産業の発達」に寄与するために特許権の効力は及ばないとされています。

ウ　実施権の存在　先使用権やその他の実施権があるとの抗弁です。

エ　無効の抗弁　審判で無効であることが確定していなくとも「当該特許が特許無効審判により又は当該特許権の存続期間の延長登録が延長登録無効審判により無効にされるべきものと認められる時は，特許権者又は専用実施権者は，相手方に対しその権利を行使することができない」

7　特許庁の処分に対する不服申立手段

特許庁が行った処分に対し不服を申し立てる方法として登録異議申立てと審判という制度が用意されています。

(1)　特許異議申立て（特許法113条）

特許が付与された後の一定の期間内に，特許の見直しを求める機会を設けるための制度です。利害関係の有無を問わず誰でも申し立てることができます。

(2)　無効審判（特許法131条1項）

利害関係を有する者のみが申立てることができます。

(3)　審決取消訴訟（特許法178条）

東京高裁にのみ提起できます。

（審決等に対する訴え）

特許法 第178条

1項　取消決定又は審決に対する訴え及び特許異議申立書，審判若しくは再審の請求書又は第百二十条の五第二項若しくは第百三十四条の二第一項の訂正の請求書の却下の決定に対する訴えは，東京高等裁判所の専属管轄とする。

2項〜6項　（略）

第3節 商標法

1　商標法概説（商標法2条）

　買い物をする際に，ブランドを気にすることはありませんか。このマークのついたバッグを買いたい，このロゴのついた家電なら安心だ，たしかこの商品のCMではいつもあのジングルが流れていた等々，特定の会社，あるいはある会社の特定のカテゴリーの商品を念頭に置いて購入する商品を選択する場面が少なくないといえます。

　この商品選択の場面で，あるロゴが印刷されていていたから購入したにもかかわらず，そっくりに真似られたロゴが付けられていたために当初想定していた商品とは異なる会社の製品であった場合にどのような不都合が生じることが考えられるでしょうか。

　信頼していたロゴがついていることで品質も期待できると考えていたのに粗悪品であった，ロゴが本物でなかったならそもそもお金を払って購入することはなかったなどということもあるかもしれません。

　このような場合に，消費者の側からこのロゴはこの会社のものという認識があり，会社としても自社製品にロゴを付すことで商品価値を高め売上を伸ばすことができるという利益があります。

　このように，会社名や製品カテゴリーを示すロゴやマーク等を独占的に使用し，他者の無断使用を認めない利益を保護する役割を果たすのが商標法です。

> **（目的）**
> 商標法 第1条　この法律は，商標を保護することにより，商標の使用をする者の業務上の信用の維持を図り，もつて産業の発達に寄与し，あわせて需要者の利益を保護することを目的とする。

2 要件（商標法3条）

(1) 「商標」の定義

> **（定義等）**
>
> 商標法 第2条
>
> 1項　この法律で「商標」とは，人の知覚によつて認識することができるもののうち，文字，図形，記号，立体的形状若しくは色彩又はこれらの結合，音その他政令で定めるもの（以下「標章」という。）であつて，次に掲げるものをいう。
> 　一　業として商品を生産し，証明し，又は譲渡する者がその商品について使用をするもの
> 　二　業として役務を提供し，又は証明する者がその役務について使用をするもの（前号に掲げるものを除く。）
>
> 2項〜6項　　（略）

商標法上の「商標」とは「標章」のうち商品商標（1号）及び役務商標（2号）をいいます。「標章」とは，人の知覚によって認識することができるもののうち，文字や図形，記号，立体的形状もしくは色彩，音などをいいます。

たとえば，ドラッグストアの㈱マツモトキヨシホールディングスの商標や

（商標登録第5282879号）

ほかにも，紳士服販売の㈱はるやまホールディングスの商標は一度は目にしたことがあるかもしれません。

（商標登録第5252743号）

このように，ある標章を見るとそれが特定の店であったりブランドを示すものと認識できます。商標法はこれらの標章を商標として保護しようとしています。商標として保護されるためには，商標登録が必要とされています。

(2) 登録要件

「商品」「役務」について使用する標章であることが必要ですが，商標法上これらの商品や役務についての定義規定はありません。一般的には以下のようにいわれています。

「商品」とは，物，代替性，流通性，商取引の対象となり得ることをいいます。標法上は，有体物のほか，電子情報材等の一定の無体物も物として扱われます。

「役務」とは，労役または便益，他人のために提供されること，商取引の対象となり得ることをいいます。

「使用」について，どのような標章が商標として登録可能かに関して登録主義と使用主義という考え方があります。

現に使用されている標章でなければ登録できないとする考え方を使用主義といい，未使用の標章であっても登録が可能とする考え方を登録主義といいます。

この点，日本では登録主義が採用されており，自己の業務に係る商品・役務について必ずしも現に使用している必要はなく，使用する意思を有していれば足ります。

商標登録するために必要な要件は商標法3条に規定されています。

自他商品・役務識別力がない標章はあえて保護する必要がありません。そこで，商標法3条1項6号で，自他商品・役務識別力のないものについては商標登録できないこととされています。

（商標登録の要件）

商標法 第3条

1項　自己の業務に係る商品又は役務について使用をする商標については，次に掲げる商標を除き，商標登録を受けることができる。

一　その商品又は役務の普通名称を普通に用いられる方法で表示する標章のみ

第3節　商標法　151

からなる商標

二　その商品又は役務について慣用されている商標

三　その商品の産地，販売地，品質，原材料，効能，用途，形状（包装の形状
を含む。第二十六条第一項第二号及び第三号において同じ。），生産若しくは
使用の方法若しくは時期その他の特徴，数量若しくは価格又はその役務の提
供の場所，質，提供の用に供する物，効能，用途，態様，提供の方法若しく
は時期その他の特徴，数量若しくは価格を普通に用いられる方法で表示する
標章のみからなる商標

四　ありふれた氏又は名称を普通に用いられる方法で表示する標章のみからな
る商標

五　極めて簡単で，かつ，ありふれた標章のみからなる商標

六　前各号に掲げるもののほか，需要者が何人かの業務に係る商品又は役務で
あることを認識することができない商標

2項　前項第三号から第五号までに該当する商標であつても，使用をされた結果
需要者が何人かの業務に係る商品又は役務であることを認識することができる
ものについては，同項の規定にかかわらず，商標登録を受けることができる。

(3)　登録された場合の効果

ア　商標権の発生

（商標権の設定の登録）

商標法 第18条

1項　商標権は，設定の登録により発生する。

2項～5項　（略）

（商標権の効力）

商標法 第25条　商標権者は，指定商品又は指定役務について登録商標の使用を
する権利を専有する。ただし，その商標権について専用使用権を設定したと
きは，専用使用権者がその登録商標の使用をする権利を専有する範囲につい
ては，この限りでない。

第**7**章　知的財産法の基礎

　商標権は設定の登録により発生します。商標権者は登録商標を使用する権利を専有し，登録商標の排他独占的な使用が認められることとなります。

　商標権は専用権と禁止権とに分類され，登録商標が無断使用された場合には商標権侵害となります。商標権者は商標権侵害への対抗手段として，以下に挙げる請求を行うことができます。

　イ　商標権の侵害
① 　他人が設定した商標はその者が独占的に使用することができ，他人の商標を無断で使用する行為は商標権の侵害行為にあたります。
② 　他人の商標を無断で使用する行為のほか，商標権の侵害行為そのものではないものの，「侵害とみなす行為」として定められているものがあります。侵害とみなす行為のうち商標法 37 条 2 号以下に規定されるものは，商標の「使用」には該当しないものの間接侵害行為として商標権侵害行為と定められています。

（侵害とみなす行為）

商標法 第 37 条　次に掲げる行為は，当該商標権又は専用使用権を侵害するものとみなす。
　一　指定商品若しくは指定役務についての登録商標に類似する商標の使用又は指定商品若しくは指定役務に類似する商品若しくは役務についての登録商標若しくはこれに類似する商標の使用
　二　指定商品又は指定商品若しくは指定役務に類似する商品であつて，その商品又はその商品の包装に登録商標又はこれに類似する商標を付したものを譲渡，引渡し又は輸出のために所持する行為
　三　指定役務又は指定役務若しくは指定商品に類似する役務の提供に当たりその提供を受ける者の利用に供する物に登録商標又はこれに類似する商標を付したものを，これを用いて当該役務を提供するために所持し，又は輸入する行為
　四　指定役務又は指定役務若しくは指定商品に類似する役務の提供に当たりその提供を受ける者の利用に供する物に登録商標又はこれに類似する商標を付したものを，これを用いて当該役務を提供させるために譲渡し，引き渡し，又

は譲渡若しくは引渡しのために所持し，若しくは輸入する行為

五　指定商品若しくは指定役務又はこれらに類似する商品若しくは役務について登録商標又はこれに類似する商標の使用をするために登録商標又はこれに類似する商標を表示する物を所持する行為

六　指定商品若しくは指定役務又はこれらに類似する商品若しくは役務について登録商標又はこれに類似する商標の使用をさせるために登録商標又はこれに類似する商標を表示する物を譲渡し，引き渡し，又は譲渡若しくは引渡しのために所持する行為

七　指定商品若しくは指定役務又はこれらに類似する商品若しくは役務について登録商標又はこれに類似する商標の使用をし，又は使用をさせるために登録商標又はこれに類似する商標を表示する物を製造し，又は輸入する行為

八　登録商標又はこれに類似する商標を表示する物を製造するためにのみ用いる物を業として製造し，譲渡し，引き渡し，又は輸入する行為

このように，登録商標そのものの使用及び登録商標の指定商品・役務と同一・類似の標章の使用が商標権侵害にあたります。

「使用」の定義は商標法に定められ，一定の範囲に限定されています。そのため，他人の登録商標を利用する行為すべてが商標権侵害行為に該当するわけではありません。自他商品・役務識別力の有無等の事情を総合的に判断し，「使用」と認められた場合に初めて商標権侵害となります。

（定義等）

商標法 第2条

1項・2項　（略）

3項　この法律で標章について「使用」とは，次に掲げる行為をいう。

一　商品又は商品の包装に標章を付する行為

二　商品又は商品の包装に標章を付したものを譲渡し，引き渡し，譲渡若しくは引渡しのために展示し，輸出し，輸入し，又は電気通信回線を通じて提供する行為

三　役務の提供に当たりその提供を受ける者の利用に供する物（譲渡し，又は貸し渡す物を含む。以下同じ。）に標章を付する行為

四　役務の提供に当たりその提供を受ける者の利用に供する物に標章を付したものを用いて役務を提供する行為

五　役務の提供の用に供する物（役務の提供に当たりその提供を受ける者の利用に供する物を含む。以下同じ。）に標章を付したものを役務の提供のために展示する行為

六　役務の提供に当たりその提供を受ける者の当該役務の提供に係る物に標章を付する行為

七　電磁的方法（電子的方法，磁気的方法その他の人の知覚によつて認識することができない方法をいう。次号において同じ。）により行う映像面を介した役務の提供に当たりその映像面に標章を表示して役務を提供する行為

八　商品若しくは役務に関する広告，価格表若しくは取引書類に標章を付して展示し，若しくは頒布し，又はこれらを内容とする情報に標章を付して電磁的方法により提供する行為

九　音の標章にあつては，前各号に掲げるもののほか，商品の譲渡若しくは引渡し又は役務の提供のために音の標章を発する行為

十　前各号に掲げるもののほか，政令で定める行為

4項〜6項　（略）

ウ　商標権侵害への対抗手段

　自己の商標権が無断使用されるなど侵害された場合に，商標権者が対抗する手段として以下の手段があります。

① 差止・排除除却請求

（差止請求権）

商標法 第36条

1項　商標権者又は専用使用権者は，自己の商標権又は専用使用権を侵害する者又は侵害するおそれがある者に対し，その侵害の停止又は予防を請求することができる。

> **2項** 商標権者又は専用使用権者は，前項の規定による請求をするに際し，侵害の行為を組成した物の廃棄，侵害の行為に供した設備の除却その他の侵害の予防に必要な行為を請求することができる。

　商標権が侵害されている場合ないし商標権侵害の客観的なおそれがある場合に，商標権者は侵害行為を排除するため侵害行為の差止請求をすることができます。また，差止請求と同時に侵害行為によって組成されたを廃棄する等の請求も行うことができます。

②　損害賠償請求

（不法行為による損害賠償）

> **民法 第709条**　故意又は過失によって他人の権利又は法律上保護される利益を侵害した者は，これによって生じた損害を賠償する責任を負う。

　他人が商標権を侵害したことによって事故に損害が生じた場合に，商標権者は民法上の不法行為に基づく損害賠償請求をすることができます。

　この点，差止請求の場合と異なり，侵害者に商標権を侵害する故意または過失が必要とされることに留意する必要がありますが，過失の立証については推定規定が設けられており（商標法39条，特許法103条）商標権者の保護を図っています。

【損害額】

> 　具体的な商標権侵害行為によって生じた損害を正確に立証することは困難であり，損害額の立証責任が商標権者にあるとすることは商標権の保護につながらず，不当です。そのため，商標法では損害額の算定方法があらかじめ規定されています。

エ　商標権に基づく請求への抗弁

　商標権侵害を理由に訴えられた被告が主張できる抗弁のうち主だったものを見ておきましょう。

① 先使用（商標法 32 条 1 項）

先使用権とは，他人の出願前から，不正競争の目的なく商標を使用していた場合で，出願時には先使用者の商標が周知されており，先使用者が継続して商標を使用している場合に成立します。

先使用権が認められると，他人の出願時を基準時として，商標登録後もそのまま自己の商標を継続使用できます。そのため，差止請求や損害賠償請求に対する抗弁となります。

② 26 条の抗弁

（商標権の効力が及ばない範囲）

商標法 第 26 条　商標権の効力は，次に掲げる商標（他の商標の一部となつているものを含む。）には，及ばない。

一　自己の肖像又は自己の氏名若しくは名称若しくは著名な雅号，芸名若しくは筆名若しくはこれらの著名な略称を普通に用いられる方法で表示する商標

二　当該指定商品若しくはこれに類似する商品の普通名称，産地，販売地，品質，原材料，効能，用途，形状，生産若しくは使用の方法若しくは時期その他の特徴，数量若しくは価格又は当該指定商品に類似する役務の普通名称，提供の場所，質，提供の用に供する物，効能，用途，態様，提供の方法若しくは時期その他の特徴，数量若しくは価格を普通に用いられる方法で表示する商標

三　当該指定役務若しくはこれに類似する役務の普通名称，提供の場所，質，提供の用に供する物，効能，用途，態様，提供の方法若しくは時期その他の特徴，数量若しくは価格又は当該指定役務に類似する商品の普通名称，産地，販売地，品質，原材料，効能，用途，形状，生産若しくは使用の方法若しくは時期その他の特徴，数量若しくは価格を普通に用いられる方法で表示する商標

四　当該指定商品若しくは指定役務又はこれらに類似する商品若しくは役務について慣用されている商標

五　商品等が当然に備える特徴のうち政令で定めるもののみからなる商標

六　前各号に掲げるもののほか，需要者が何人かの業務に係る商品又は役務であることを認識することができる態様により使用されていない商標

以上の排他的独占的使用を認めることが不適切であるような標章については差止や損害賠償請求に対する抗弁となります。

③ 無効の抗弁

審判で登録無効とされるべき商標であることを主張し，差止・損害賠償請求に対する抗弁となります。

④ 並行輸入

ブランド品を我が国内よりも安価に手に入る国で購入・輸入した場合には，真正な商品であり，権利者及び品質が同一であれば「商品の出所品質について誤認混同を生ぜしめる危険は全く生じない」として，差止・損害賠償請求に対する抗弁となります。

3 商標登録出願

(1) 出願の概要

一つの商標につき一つの出願をする必要があります。複数の商標をまとめて出願することはできません（一商標一出願主義）。口頭での出願はできません。必ず書面で登録出願します（書面主義）。

同じ標章につき複数人から出願されている場合，時間的に先に出願された件が登録され，その他については登録されません（先願主義）。

(2) 出願審査

我が国は審査主義を採用しているため，出願は特許庁の審査官による審査が行われます。審査には方式審査と実体審査があります。

審査の結果，問題がなければ一定期間内に登録料を納付することで商標登録がされます。

他方，審査官が登録不可と判断した場合は，拒絶理由が通知されます。拒絶理由通知に対しては指定期間内に意見書を提出したり，出願手続の補正をすることで，補正後の出願内容で商標登録されることもあります。拒絶理由がなおも存在する場合は，拒絶査定されます（商標法15条）。

4 特許庁の処分に対する不服申立手段

特許庁が行った処分に対し不服を申し立てる方法として登録異議申立て，審判，そして，審決取消訴訟があります。

(1) 登録異議申立て

審査官による出願審査が適正に行われたかの事後チェックのために，商標登録後，登録内容が開示されます。これを基に誰であっても，すなわち利害関係を有しない者であっても，商標法43条の2各号所定の登録異議理由を主張し登録異議申立てをすることができます。

(2) 審判

ア 拒絶査定に対する審判

登録の拒絶査定を受けた出願人は，所定の期間内に審判請求をすることができます。

イ 商標登録無効審判

利害関係人は，登録済みの商標につき当該商標登録が商標法46条1項各号に定める無効理由に該当することを主張し商標登録無効の審判を請求することができます。

(3) 審決取消訴訟

特許庁の出した審決に不服を申し立てる手段として，審決取消訴訟があります。知財高裁にのみ提起することができます。

（審決等に対する訴え）

商標法 第63条

1項　取消決定又は審決に対する訴え，第五十五条の二第三項（第六十条の二第二項において準用する場合を含む。）において準用する第十六条の二第一項の規定による却下の決定に対する訴え及び登録異議申立書又は審判若しくは再審の請求書の却下の決定に対する訴えは，東京高等裁判所の専属管轄とする。

2項　（略）

═第4節═ その他の知的財産法令について

1 意匠法

意匠とは，「物品（物品の部分を含む。）の形状，模様若しくは色彩又はこれらの結合であって視覚を通じて美感を起こさせるもの」を指します。

意匠法は，「意匠の保護及び利用を図ることにより，意匠の創作を奨励し，もつて産業の発達に寄与することを目的とする。」（意匠法1条）ものです。

法定の出願手続きを経て登録された意匠が，登録意匠として意匠法上の保護対象とされ排他的・独占的使用を行うことができます。

意匠権が侵害された場合，意匠権者は，差止請求（意匠法37条）や損害賠償請求（民法709条）をすることができます。

2 著作権法

著作物とは「思想又は感情を創作的に表現したものであつて，文芸，学術，美術又は音楽の範囲に属するもの」を指します（著作権法2条1項）。これらに該当しそうな作品であっても法令や判決などは権利の目的とされていません（著作権法13条）。

作品が著作物と認定された場合，著作権の対象となります。

著作物には，言語の著作物，音楽の著作物，舞踊・無言劇の著作物，美術の著作物，建築の著作物，図形の著作物，映画の著作物，写真の著作物及プログラムの著作物などがあります（著作権法10条）。

著作権は著作財産権及び著作者人格権に分類できます。

著作財産権は，複製権，上演権・演奏権・口述権，上映権，公衆送信権等，展示権，頒布権・譲渡権・貸与権，翻案権に分けられます。

たとえば，無断でコピーすることは違法です（複製権侵害）。

著作者人格権には，公表権，氏名表示権，同一性保持権があります。たとえば，あるゲームソフトのストーリー内容を改変できる仕組みを有するメモリカードの販売は，ゲームの同一性保持権侵害にあたり違法です。

●Column● 平成30年改正法4つのポイント

　まずは，【ビッグデータを活用したサービス等のための著作物の利用】（著作権法30条の4，47条の4，47条の5等）についての規定を見てみましょう。

　著作権の権利者に及び得る不利益の度合いに応じ利用行為を3層に分類し，①や②については不利益の度合いが少ないため，著作物の利用を可能とする規定が設けられました。

①利益を通常害さないと評価できる行為類型

　（例：コンピュータの内部処理のみに供されるコピー，セキュリティ確保のためのソフトウェアの調査解析等）

②不利益が軽微な行為類型

　（例：所在検索サービス，情報解析サービス）

③著作物の市場と衝突する場合があるが，公共政策実現等のために著作物の利用の促進が期待される行為類型

　（例：引用，報道，教育，アーカイブ，障害者による情報アクセス）

　次に【教育の情報化への対応】が見直されました（著作権法35条等）。たとえば，オンデマンド授業で用いられる資料の送信もこれまで必要だった許諾を得ることなく行うことが可能となりました。

　【障害者の情報アクセス機会の充実】も図られました（著作権法37条）。これにより，肢体不自由などの身体障害により読字に障害がある人のための録音図書の作成等が権利者の許諾なく行えるようになりました。

　【アーカイブの利活用促進】が図られ，美術展等での作品紹介をタブレットに送信するなどして掲載することが可能となりました（著作権法31条，同47条，同67条等）。

第4節　その他の知的財産法令について

3　不正競争防止法

　不正競争行為を網羅的に規制する法律です。不正競争行為として非常に多く
の行為類型が定められていますので，ここですべての不正競争行為を取り上げ
ることはできません。

　代表的なものとして，周知表示に対する混同惹起行為（不正競争防止法2条
1項1号），著名表示冒用行為（同条1項2号）や商品形態模倣行為（同条1項
3号）があります。

（定義）

不正競争防止法 第2条

1項　この法律において「不正競争」とは，次に掲げるものをいう。

　一　他人の商品等表示（人の業務に係る氏名，商号，商標，標章，商品の容器
　　若しくは包装その他の商品又は営業を表示するものをいう。以下同じ。）とし
　　て需要者の間に広く認識されているものと同一若しくは類似の商品等表示を
　　使用し，又はその商品等表示を使用した商品を譲渡し，引き渡し，譲渡若し
　　くは引渡しのために展示し，輸出し，輸入し，若しくは電気通信回線を通じ
　　て提供して，他人の商品又は営業と混同を生じさせる行為

　二　自己の商品等表示として他人の著名な商品等表示と同一若しくは類似のも
　　のを使用し，又はその商品等表示を使用した商品を譲渡し，引き渡し，譲渡
　　若しくは引渡しのために展示し，輸出し，輸入し，若しくは電気通信回線を
　　通じて提供する行為

　三　他人の商品の形態（当該商品の機能を確保するために不可欠な形態を除
　　く。）を模倣した商品を譲渡し，貸し渡し，譲渡若しくは貸渡しのために展示
　　し，輸出し，又は輸入する行為

　…（省略）…

2項～10項　（略）

　不正競争防止法は，「事業者間の公正な競争及びこれに関する国際約束の的確
な実施を確保するため，不正競争の防止及び不正競争に係る損害賠償に関する
措置等を講じ，もって国民経済の健全な発展に寄与する」（不正競争防止法1条）
ことを目的としています。

つまり，特許権や著作権といった何らかの権利保護を直接の目的とする法律ではなく，行為に着目して不正競争行為を定義し，結果として知的財産権を含む他の権利者の権利・利益を保護しようとする法律です。

そのため，各知的財産権法の保護が及ばない場合にも，不正競争防止法上は何らかの請求ができる場合が生じてきます。

たとえば，商標法上の未登録の標章は，1号では「標章」が挙げられているため，商標法上保護されなくとも不正競争法上は保護対象とされていますし，3号では商品の形態の模倣が規定されており，意匠法上の未登録のデザインであっても不正競争法上は保護対象とされています。

不正競争行為によって営業上の利益を侵害される場合，差止請求や損害賠償請求を行うことができます。

このように，それぞれの知的財産法そのものによって保護されない場合も，不正競争防止法による保護されることがあり得るということに留意してください。

第 8 章
国際ビジネス法概説

　ボーダレス化時代においては欧米中国等海外との取引は日常茶飯事です。中小企業といえどもそのような状態は変わりません。しかしながら，文化や習慣に関する違いから様々な法律問題が生じていることも事実です。そこで，本書ではビジネスパーソンとして最低限度知っておくべき国際私法等を中心とした国際ビジネス法の概説をさせて頂きました。

第8章 国際ビジネス法概説

第1節 序論

　日本の人口が激減していき内需が縮小していく中で，これまでは日本国内にとどまっていたビジネスが世界市場に目を向け，進出していっています。また，世界中を結びつけるインターネットの普及に伴い世界中からの情報の収集やコミュニケーションが容易になり，世界市場でビジネスを展開することは比較的容易になってきたことも世界進出を加速させる要因になっているでしょう。

　日本企業・ビジネスは今一度，世界市場で勝負できる技術，サービス，製品作りといったところで競争力をつけていくとともに，世界市場でビジネスをしていくうえでの法的なルール・リスクについても知っておく必要があります。

　本章では，国際的にビジネスを展開するにあたって関わることになる法分野のうち，ビジネスを展開していく段階の法的問題と，法的トラブル・紛争になった時の国際的な紛争の解決手段に関する法について概観します。

第2節 国際的な商取引に関する法

1 準拠法

　国際的な商取引（売買，運送，決済，投資等）において，国際的に関連する規制や法令を遵守していくことが必要となります。

　たとえば，取引の当事者間で契約書を作成していく時に，その契約が成立しているのか，違法なのかについて，どの国の法律に照らして考えるのか，その依拠する法律のことを準拠法といいます。

　国際的なビジネスを展開するにあたって，たとえば，現地法人の設立，商品の売買，知的財産権などのライセンスの付与，決済といったあらゆる場面で「契約」が必要となってきます。日本国内と同様，国際的にも契約は私的自治の領域であり，準拠法の選択を含め契約の具体的な内容は当事者の合意で決まるのが原則です。

　実際には，国際的な契約で通用する標準書式が使われることも多いです。

2 ウィーン売買条約

　日本も締約国である国際物品売買契約に関する国連条約（ウィーン売買条約）は，国境を越えて行われる物品の売買に関して契約や損害賠償の基本的な原則を定めた国際条約です。売買の当事者は，売買契約でこの条約の適用を排除する文言を明示して規定すれば，同条約の適用を排除することができます。

3 インコタームズ

　国際商業会議所 (International Chamber of Commerce) が策定した貿易条件の定義をインコタームズといいます。貿易取引における運賃，保険料，当事者間の費用負担の範囲，危険負担の移転時期といった売主と買主の合意内容について，用語の解釈を国際的に統一し，貿易が円滑に行われるよう取り決められました。

　強制力はありません。貿易取引の契約書に「本契約で使用されている貿易条件は，インコタームズ2000によって解釈する」というような文言を入れること

で適用されるようにします。

4 国際ライセンス契約

　自社の特許技術，商標，ノウハウなどの使用を他の企業に対して許諾する際に締結するライセンス契約において，当事者は準拠法を選択することができる。ただし，知的財産権（特許権，商標権等）は，各国がその国の知的財産法に基づいて，権利者に対して付与し，その権利を保護するものです。したがって，当事者間で特定の国の知的財産法のみに従うという合意をすることはできません。

5 公法的な規制

　当事者間で準拠法を選択したとしても，各国でビジネスをする際には，たとえば日本でいうところの独占禁止法のような規制，環境基準に関する規制，不動産に関する規制，労働分野に関する規制といった公法的な規制を受けます。こういった規制は，当事者の合意では排除できない場合も多いです。

　これらの規制に抵触することで，契約の効力はもとより，当該国の行政当局による処分や刑事罰を受ける可能性もあります。そこで，国際的な取引をするにあたっては，各国の法制度について十分な調査をする必要があります。さらに，世界には政治情勢，経済情勢によって簡単に法制度が変更されるような国もあります。したがって，こういった規制に関する情報は常日頃からアップデートしていく必要があります。

第3節 国際紛争解決に関する法

　日本国内で企業間で法的紛争が発生した場合，双方の折り合いがつかない場合には裁判（訴訟）による終局的な解決に委ねられることも多いです。それは，日本の司法制度が中立，公正であるという強い信頼の上に成り立っています。

　しかし，国際的なビジネスにおける法的紛争の場合，外国の裁判所の中立性や専門性への不安，仮に裁判で勝ったとしても執行できるのか，その煩雑性といったリスクなどから，裁判外の手続きなどの解決方法が選択されることが多いです。

1　国際訴訟

(1)　管轄

　日本の企業と外国の企業との間で紛争が生じた時に，いずれの国の裁判所で訴訟をするのかという管轄の問題があります。複数の国で管轄が認められる場合もあり，その場合は自社に有利な手続き運用や結果が期待できる国の裁判所を選ぶことになります。

　日本では，民事訴訟法上，被告の住所・主たる事務所等が日本国内にある場合のほか，訴えの類型ごとに日本の裁判所に管轄がある場合が定められています（民事訴訟法第3条の2乃至第13条）。

(2)　送達

　日本の裁判所における訴訟は，まず原告が訴状を裁判所へ提出して訴訟を提起し，この訴状が裁判所から被告へ送達されなければ訴訟がはじまりません。これは送達先である被告が外国に所在する場合も同様です。しかし，「外国への送達は民事訴訟手続きに関する条約」（民訴条約）や「民事又は商事に関する裁判上及び裁判外の文書の外国における送達及び告知に関する条約」のような締約国間での条約に基づく送達や，締約国以外の場合は個別の応諾に基づく送達といった手続きが必要となり，実務上相当の手間と期間を要することになります。

そのため，訴訟は，速やかな紛争解決には向かない手段ということになります。

(3) 証拠調べ

（外国における証拠調べ）

民事訴訟法 第184条

1項　外国においてすべき証拠調べは，その国の管轄官庁又はその国に駐在する日本の大使，公使若しくは領事に嘱託してしなければならない。

2項　外国においてした証拠調べは，その国の法律に違反する場合であっても，この法律に違反しないときは，その効力を有する。

日本の裁判所による訴訟では，事実認定の前提となる証拠調べが非常に重要です。しかし，国際的な紛争では，関連する証拠物や人が外国に所在している場合も多いです。そういった場合には，民事訴訟法184条1項において当該国の管轄官庁又はその国に駐在する日本の大使等に嘱託して行うとされています。ただし，証拠調べは各国の裁判権の行使と考えられており，外国で証拠調べを行うことは当該国の主権の侵害となりため，送達の場合と同様に条約に沿って当該国の協力を得て行われることになります。

(4) 法の適用

日本の裁判所では，証拠に基づき事実認定を行い，その認定された事実に法を適用して判決（法的判断）を導くことになります。ここでたとえば，契約した当事者間の紛争で適用される法は原則として当事者間が契約で選択した準拠法となりますが，公法的な規制が及ぶ場合には当該規制法が適用されます。また，当事者間の契約で準拠法が選択されていない場合や，当事者間に契約関係がない場合などには，「法の適用に関する通則法」に基づいて準拠法が決まります。

準拠法が外国の法律である場合は，裁判所(具体的には裁判官)が外国法を解釈・適用することになりますが，実務では，当事者が外国法の翻訳文や専門家の鑑定意見書を証拠として裁判所に提出するなどして裁判所の外国法の解釈を

第3節　国際紛争解決に関する法　　169

助けます。

⑸　判決の執行

（外国裁判所の確定判決の効力）

民事訴訟法 第118条　外国裁判所の確定判決は，次に掲げる要件のすべてを具
　　備する場合に限り，その効力を有する。

　　一　法令又は条約により外国裁判所の裁判権が認められること。

　　二　敗訴の被告が訴訟の開始に必要な呼出し若しくは命令の送達（公示送達そ
　　　　の他これに類する送達を除く。）を受けたこと又はこれを受けなかったが応
　　　　訴したこと。

　　三　判決の内容及び訴訟手続が日本における公の秩序又は善良の風俗に反しな
　　　　いこと。

　　四　相互の保証があること。

（外国裁判所の判決の執行判決）

民事執行法 第24条

1項　外国裁判所の判決についての執行判決を求める訴えは，債務者の普通裁判
　　　籍の所在地を管轄する地方裁判所が管轄し，この普通裁判籍がないときは，請
　　　求の目的又は差し押さえることができる債務者の財産の所在地を管轄する地方
　　　裁判所が管轄する。

2項　執行判決は，裁判の当否を調査しないでしなければならない。

3項　第一項の訴えは，外国裁判所の判決が，確定したことが証明されないとき，
　　　又は民事訴訟法第百十八条各号に掲げる要件を具備しないときは，却下しなけ
　　　ればならない。

4項　執行判決においては，外国裁判所の判決による強制執行を許す旨を宣言し
　　　なければならない。

　訴訟手続きの末に勝訴判決を得ることと，その判決の内容を実現させる（執
行する）ことは別の手続きです。

　まず，外国の確定判決は，民事訴訟法118条に定める要件を満たせば，日本
国内でも効力を有し，さらに執行判決を求める訴えを提起し，強制執行を許す

旨の宣言をする執行判決を得たうえで，日本国内で強制執行をすることができます。

日本の裁判所の確定判決に基づいて，外国で強制執行をする場合も，同様に，日本の確定判決の外国での承認・執行という段階が必要となってきます。ただし，外国における承認・執行の各段階のための各国尾の法制度，条約の整備状況，批准状況は必ずしも充実しているとはいえず，外国での執行は不確実という難点があります。

2　国際仲裁

(1)　仲裁の特徴

仲裁とは，当事者が合意（仲裁合意）により裁判所以外の第三者（仲裁人）に紛争の終局的判断を委ねる紛争解決手段のことをいいます。

日本の裁判所の調停手続きとは，仲裁人に紛争の終局的判断を委ねている点が異なります。

仲裁は，常設の仲裁機関に仲裁を委ねる方法と，常設の仲裁機関以外の者に仲裁を委ねる場合があり，後者の場合には，その紛争内容に詳しい専門家を仲裁人として指名し，仲裁場所も当事者双方に都合の良い場所（たとえば第三国等）を選ぶことができるというメリットがあります。

また，訴訟とは異なり，基本的には非公開で行われます。

ただし，仲裁人は裁判所と異なり法を適用して解決する機関ではないことから，その解決基準が不明確である，仲裁人の判断に強制力がない，仲裁人の判断に対する不服申し立て手段がないといったデメリットはあります。

(2)　国際仲裁手続の流れ

仲裁は，仲裁合意をしていることで初めて可能となります。通常，商取引に関する契約に紛争解決条項として規定されていますが，これから取引を始めようという発展的な段階の当事者が紛争になった場合について詳細に協議して定めていないことも考えられます。

法的紛争が発生した場合に，当事者の一方が仲裁機関に申立書を提出することで手続きが始まります。

第3節　国際紛争解決に関する法　171

これに対して，他方当事者が答弁書を提出し，書面を中心に審理が進み，証拠調べ，証人尋問を経て，仲裁判断が下されます。

日本国内の民事訴訟手続きは，訴状を裁判所へ提出してから判決が言い渡されるまでに1年近くかかることも多いです。被告が外国にいる場合には，先の送達の問題があり更に時間を要することになります。これに対して国際仲裁は，たとえば国際商業会議所仲裁裁判所（ICC）の仲裁規則では，付託事項書（争点整理を多内仲裁廷の判断を求める範囲について明確化する書面）作成から6カ月以内に仲裁判断を下すこととされおり（ICC仲裁規則31条），民事訴訟と比べ迅速な解決が期待できます。

(3)　国際仲裁の承認・執行

なお，国際商事仲裁に関しては，仲裁判断の承認および執行につき多数国間の条約が存在し，その代表的なものとして，現在日本をはじめ120カ国以上が締結国となっている「外国仲裁判断の承認および執行に関する条約」（ニューヨーク条約）やジュネーブ議定書，ジュネーブ条約があります。

3　国際調停

調停は，裁判所以外の第三者（調停人）による紛争解決手段です。仲裁とは異なり，調停人が紛争を終局的に解決することまでは認められておらず，あくまでも当事者間の合意による解決を目指して調停人が当事者間を調整し，紛争解決を促す手続きです。

調停はあくまでも当事者の合意による解決であるため，当事者が応じるのであれば，法的な問題に限らず様々な問題をテーマとすることができ，また，調停合意の内容も柔軟な対応が可能です。また，当事者が合意して調停合意の内容を決める以上，その内容を当事者が守ることが期待されます。ただし，万が一当事者が調停の結果を守らない時に，仲裁判断とは異なり，調停の結果の承認・執行は不確実という難点はあります。

●Column● 国際化社会への対応策

ご存知のように商取引はボーダレス化しています。Amazon で買い物をしても中華人民共和国から輸送されてくるなどボーダレス化は顕著であり，私達にも無縁ではなくなる法分野になります。国際ビジネス法を理解するにあたっても英語の習得は必須になってきました。今後はビジネス・パーソンとして英語の重要性は高まってくるでしょう。英語の勉強もしておきたいですね。ちなみに，私も現在事務所に外国人講師を招聘し英語の勉強に勤しんでいますが，中々習得できませんね。

第 9 章
ＡＩ法の基礎

近時，科学技術の発達により急速にＡＩが進化してきました。皆様の間近でもネットショッピング等を中心にＡＩが活躍しております。他方，科学技術の発達に法整備が追いついておらず，ＡＩを活用する現場でもどう対処すればいいのか悩ましいところではあります。本書では最先端の分野であるＡＩ法の基礎を理解して頂き，時代の変化に対応して頂きたいと考え書かせて頂きました。今後益々進化する可能性がありますので新しい情報を注視してください。

174　第9章　ＡＩ法の基礎

━ 第1節 ━ 序論

　ＡＩをめぐる法律問題について概観します。ＡＩとは，Artificial Intelligence の略語であり，すなわち人工知能を意味します。

　1956 年に米国で開催されたダートマス会議で初めてＡＩという言葉が使われてから半世紀以上が経ちました。

　そして，2015 年には，ＡＩが囲碁でプロの棋士に勝利するまでになりました。

　2016 年4月には，我が国においても，第1回人工知能技術戦略会議が開かれ，総務省・文部科学省・経済産業省の人工知能（AI）技術の研究開発の3省連携を図る体制が作られました。そこで，「研究連携会議」と「産業連携会議」が設置され，「ＡＩ技術の研究開発と成果の社会実装を加速化する」ものとされました。

　また，私たちの日常生活においても，音声人工知能を用いる等のＡＩを生活の一部とする機会が増えてきました。

　そこで，本章では，ＡＩをめぐってどのような法律問題が起こり得るか，考えてみることにしましょう。

　なお，「ＡＩ法」という名称の法律は存在しませんが，ここではＡＩをとりまく各種法律を総称して「ＡＩ法」とよぶことにします（p.131 に関連）。

第2節 — ＡＩの定義

　「人工知能」につき，一般的には，人間が思考するように振る舞うコンピューターのことを指すともいえますが（2019年1月1日付け日経新聞電子版），現状，明確な定義はなく，論者により定義づけが異なります。

　たとえば，総務省の平成28年版「情報通信白書」には，ＡＩの定義を一覧にした表が掲載されています（次ページの表参照）。

　人工的に作られた知能ないし知的活動システムともいえるＡＩですが，今後の科学技術の進歩によっては，ＡＩが更なる進化を遂げることも容易に想定できます。

　なかでも，昨今よく耳にする言葉が，シンギュラリティです。シンギュラリティ（技術的特異点）とは，学習を繰り返すことにより（ディープラーニング，深層学習）ＡＩが発達し，遂には人間の知性を超えることを意味します。一般に2045年問題と呼ばれることもあります。

　ＡＩは日々刻刻と進化を遂げていることから，今後，ＡＩの定義づけも変化してくる可能性もあるでしょう。

【図表 9 - 1　国内の主な研究者による人工知能（AI）の定義】

研究者	所属	定義
中島秀之 武田英明	公立はこだて未来大学 国立情報学研究所	人工的につくられた，知能を持つ実態。あるいはそれをつくろうとすることによって知能自体を研究する分野である
西田豊明	京都大学	「知能を持つメカ」ないしは「心を持つメカ」である
溝口理一郎	北陸先端科学技術大学院	人工的につくった知的な振る舞いをするためのもの（システム）である
長尾真	京都大学	人間の頭脳活動を極限までシミュレートするシステムである
堀浩一	東京大学	人工的に作る新しい知能の世界である
浅田稔	大阪大学	知能の定義が明確でないので，人工知能を明確に定義できない
松原仁	公立はこだて未来大学	究極には人間と区別が付かない人工的な知能のこと
池上高志	東京大学	自然にわれわれがペットや人に接触するような，情動と冗談に満ちた相互作用を，物理法則に関係なく，あるいは逆らって，人工的につくり出せるシステム
山口高平	慶應義塾大学	人の知的な振る舞いを模倣・支援・超越するための構成的システム
栗原聡	電気通信大学	人工的につくられる知能であるが，その知能のレベルは人を超えているものを想像している
山川宏	ドワンゴ人工知能研究所	計算機知能のうちで，人間が直接・間接に設計する場合を人工知能と呼んで良いのではないかと思う
松尾豊	東京大学	人工的につくられた人間のような知能，ないしはそれをつくる技術。人間のように知的であるとは，「気づくことのできる」コンピュータ，つまり，データの中から特徴量を生成し現象をモデル化することのできるコンピュータという意味である

（出典）　松尾豊「人工知能は人間を超えるか」（KADOKAWA）p.45

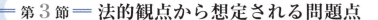

第3節 法的観点から想定される問題点

1 ＡＩそれ自体ないしＡＩが作り出したものを客体とする権利関係

ＡＩがコンピュータプログラムの一種である場合には，当該プログラムを作り上げた者にどのような権利が帰属するでしょうか。

(1) 特許権

第7章で学習しましたが，特許権は産業上利用することができる発明に付与されます。特許要件を充足する場合には，ＡＩ関連発明として特許を取得することができます。

たとえば，アイリス　バイオテクノロジーズ　インコーポレイテッド社の特許5966109号「遺伝子分析用人工知能システム」は以下の内容で特許を取得しています。

【課題】
　このシステムは，ＤＮＡチップ等からデータを読み取り，維持されたパラメータに基づくテスト結果を解析し，種々の病気に対する病人のリスクを評価し，治療方法を勧め，医療関係者及び／又は個人に情報を提供し，新しい治療が利用可能になったときは，テスト参加者に知らせる。

【解決手段】
　核酸アレイハイブリダゼーション情報を取得及び解析する完全人工知能システムを提供する。そのシステムは，暗号化されたネットワーク接続又は類似のリンクによって結合された少なくとも1つの中央データ処理機能と1以上の利用者機能とに分離される。各々のユーザ機能は，核酸アレイからハイブリダゼーション信号を収集する光走査システム，その光データを1組のハイブリダゼーションパラメータに変換する画像処理システム，データネットワークへの接続部，及び，ハイブリダゼーション情報を表示，走査，検索及び解析するユーザインターフェースを含んでもよい。

第**9**章　ＡＩ法の基礎

上記特許は，読み取ったデータからパラメータに基づくテスト結果の解析・リスク評価を行うということ課題とし，その解決手段として人工知能システムを用いるものです。

このシステムを発明者（＝企業）が排他的独占的に利用し，あるいはライセンス許諾しフィーを徴収するなどできることとなり，収益を上げることが可能です。

従業員が発明に寄与していた場合には，職務発明の規定（特許法35条）が適用される場面となります。

●Column●　「職務発明」への報奨金を拡充する動き

2017年2月22日付け日経新聞電子版によると，日本企業の間で職務発明への報奨金を拡充する動きが拡大しています。

ある電機メーカーでは社外で高く評価された社員に上限を設けず支払う制度が検討されていますし，自動車メーカーでも上限額を2割引き上げ，支給基準も緩める等の動きがあります。報奨金を拡大することで優秀な人材の確保につなげようとするものといえます。

---

(2)　著作権

プログラムも著作物の一つとして例示されており，（著作権法10条1項9号），著作権の客体になり得ます。

これに対して，プログラムを構成するプログラム言語やアルゴリズム（解法）それ自体は，著作権法の保護が及ばないものと規定されています。

（著作物の例示）

著作権法 第10条

1項・2項　　（略）

3項　第一項第九号に掲げる著作物に対するこの法律による保護は，その著作物を作成するために用いるプログラム言語，規約及び解法に及ばない。この場合

第3節　法的観点から想定される問題点

において，これらの用語の意義は，次の各号に定めるところによる。

一　プログラム言語　プログラムを表現する手段としての文字その他の記号及びその体系をいう。

二　規約　特定のプログラムにおける前号のプログラム言語の用法についての特別の約束をいう。

三　解法　プログラムにおける電子計算機に対する指令の組合せの方法をいう。

プログラムの著作物として記述された完成形のみが著作物たり得るのです。

ＡＩ製品のプログラムがプログラムの著作物と認定された場合には，著作財産権及び著作者人格権を行使できます。

無断複製に対しては差止請求や除却請求ができますし（著作権法112条），販売利益を害されたとして損害賠償請求もできることとなります（民法709条，著作権法114条）。

特許同様，ライセンスを付与するなどしてフィーを徴収し収益を上げることも可能です。

2　研究者ないし開発者の権利と倫理規制

憲法23条では学問の自由が定められています。

学問の自由は，①学問研究の自由，②研究成果を発表する自由および③教授の自由をその内容とします。

ＡＩに関連する研究の自由も憲法23条で保障されますので，研究対象や研究方法を含め研究全般につき研究者の自由に任されるべきであり，公権力が介入し研究を妨害することができないのが原則です。

しかしながら，憲法上の自由は，他者の利益との調整のため，公共の福祉による制約に服します。学問の自由もその例外ではありません。

ＡＩの研究内容や開発方法は，場合によっては他者のプライバシー等の利益を害する場合があります。そのため，ＡＩの研究が無秩序・無制御に行われてよいものでではなく，ＡＩの研究について何らかの歯止めが必要とされます。

業界団体等が，一定の歯止めにつき倫理規定等の形式で規定する場合があります。あくまで業界団体の出す指針に過ぎないため，罰則等で担保された強制

力は働きません。

この点，2017年2月28日，人工知能学会は「人工知能学会倫理指針」を公表しました。序論では次のように述べられています。

「人工知能が，産業，医療，教育，文化，経済，政治，行政など幅広い領域で人間社会に深く浸透することで，人々の生活が格段に豊かになることが期待される一方で，悪用や濫用で公共の利益を損なう可能性も否定できない」とし，「人工知能研究者は，人工知能が人間社会にとって有益なものとなるようにするために最大限の努力をし，自らの良心と良識に従って倫理的に行動しなければならない。人工知能研究者は，社会の様々な声に耳を傾け，社会から謙虚に学ばなければならない。人工知能研究者は技術の進化及び社会の変化に伴い，人工知能研究者自身の倫理観を発展させ深めることについて不断の努力をおこなう。」

そして，この精神を具体化する指針として，以下の項目が定められました。

1 （人類への貢献）人工知能学会会員は，人類の平和，安全，福祉，公共の利益に貢献し，基本的人権と尊厳を守り，文化の多様性を尊重する。人工知能学会会員は人工知能を設計，開発，運用する際には専門家として人類の安全への脅威を排除するように努める。

2 （法規制の遵守）人工知能学会会員は専門家として，研究開発に関わる法規制，知的財産，他者との契約や合意を尊重しなければならない。人工知能学会会員は他者の情報や財産の侵害や損失といった危害を加えてはならず，直接的のみならず間接的にも他者に危害を加えるような意図をもって人工知能を利用しない。

3 （他者のプライバシーの尊重）人工知能学会会員は，人工知能の利用および開発において，他者のプライバシーを尊重し，関連する法規に則って個人情報の適正な取扱いを行う義務を負う。

4 （公正性）人工知能学会会員は，人工知能の開発と利用において常に公正さを持ち，人工知能が人間社会において不公平や格差をもたらす可能

性があることを認識し，開発にあたって差別を行わないよう留意する。人工知能学会会員は人類が公平，平等に人工知能を利用できるように努める。

5　（安全性）人工知能学会会員は専門家として，人工知能の安全性及びその制御における責任を認識し，人工知能の開発と利用において常に安全性と制御可能性，必要とされる機密性について留意し，同時に人工知能を利用する者に対し適切な情報提供と注意喚起を行うように努める。

6　（誠実な振る舞い）人工知能学会会員は，人工知能が社会へ与える影響が大きいことを認識し，社会に対して誠実に信頼されるように振る舞う。人工知能学会会員は専門家として虚偽や不明瞭な主張を行わず，研究開発を行った人工知能の技術的限界や問題点について科学的に真摯に説明を行う。

7　（社会に対する責任）人工知能学会会員は，研究開発を行った人工知能がもたらす結果について検証し，潜在的な危険性については社会に対して警鐘を鳴らさなければならない。人工知能学会会員は意図に反して研究開発が他者に危害を加える用途に利用される可能性があることを認識し，悪用されることを防止する措置を講じるように努める。また，同時に人工知能が悪用されることを発見した者や告発した者が不利益を被るようなことがないように努める。

8　（社会との対話と自己研鑽）人工知能学会会員は，人工知能に関する社会的な理解 が深まるよう努める。人工知能学会会員は，社会には様々な声があることを理解し，社会から真摯に学び，理解を深め，社会との不断の対話を通じて専門家として人間社会の平和と幸福に貢献することとする。人工知能学会会員は高度な専門家として絶え間ない自己研鑽に努め自己の能力の向上を行うと同時にそれを望む者を支援することとする。

9　（人工知能への倫理遵守の要請）人工知能が社会の構成員またはそれに準じるものとなるためには，上に定めた人工知能学会員と同等に倫理指針を遵守できなければならない。

この倫理指針は，ソフトローすなわち業界の自主規制ルールであり強制力がないため，研究が法律に触れることが無い限り違反した場合の法的効果も特段ありません。処罰等がされることもありません。

研究を追窮することで倫理指針に反することとなった場合に，研究を中止せざるを得ない強制力が働く場合には，学問の自由との衝突という問題が生じ得ます。研究の自由が制約される場合に，当該制約が公共の福祉によるものとして正当化されるかどうか，これは，憲法上の論点ですのでここでは深く掘り下げませんが，一度考えてみてください。

●Column● AIと法律

最近，医療を目指す高校生のなかには医学部だけでなくAI工学も学ぼうとされている高校生が多いようです。医療の世界にもAIが着々と浸透していることの証拠ですね。一方で我が国におけるAIに関連する法の整備は各国と比べてもかなり立ち遅れています。近時の著作権法改正でAIに一時的に対応したというのが現状です。今後時代の流れに合わせてAIに関連する法が進化することは必然です。時代の流れに取り残されないように勉強をしないといけません。かくいう司法の分野でもAI代替の可能性は非常に高くかなり要注意事項です。

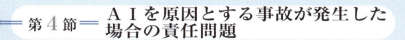

第4節 ＡＩを原因とする事故が発生した場合の責任問題

1 損害賠償責任

　たとえば自動運転機能付きの自動車に乗車し走行中，交通事故が起こったとしましょう。

　自動車に搭載されたＡＩは，収集したデータを基に走行ルートの判断をしたり走行操作を行います。

　通常の交通事故が発生すれば，車両の修理費等の物的損害のほか，治療費や慰謝料等の人的損害につき民法上の不法行為責任に基づく損害賠償請求を行い，損害の回復を目指します。

　不法行為に基づく損害賠償請求権が発生するには，行為者の故意または過失に基づき権利侵害が生じ損害が発生することが必要です。

　多くの交通事故の場合，運転者の過失が問われることとなります。過失とは，一般に，結果予見義務を前提とした結果回避義務違反と定義されており，人間の行為を当然に予定しています。

　自動運転中であり運転者は走行操作を行っていなかった場合に，過失なしとして責任を問えないこととなれば，事故の被害者は損害賠償できないこととなり結論として極めて不当といえるでしょう。

　では，ＡＩの判断に誤りがあったため交通事故が発生したことを主張して，誰かに対し何らかの責任追及を行い得ないでしょうか。誰の，どのような行為に，どのような過失を問い得るか考えてみましょう。

　ＡＩを製造したメーカー，当該ＡＩを採用し搭載した自動車メーカー，自動車に乗車し自動運転の設定を行った人…事故の発生に寄与したと考えられる主体はいくつか考えられます。

2 製造物責任

　製造物責任法は，「製造物の欠陥により人の生命，身体又は財産に係る被害が生じた場合における製造業者等の損害賠償の責任について定めることにより，もって国民生活の安定向上と国民経済の健全な発展に寄与することを目的とす

る。」ものです（製造物責任法1条）。

　そして，「製造物」とは「製造又は加工された動産」のことをいいます（製造物責任法2条）。

　ＡＩ搭載製品が，「製造物」に該当し，何らかの欠陥（通常有すべき安全性を欠いた状態）から，当該ＡＩ搭載製品から生じた損害は，製造業者等が賠償責任を負います。

　自動運転機能を有するＡＩ搭載車両の欠陥を原因として交通事故が発生した場合には，被害者は製造業者等に修理費や治療費・慰謝料を請求していくことができます。

第5節 経済産業省「ＡＩ・データの利用に関する契約ガイドライン」について

　経済産業省は，2018年6月，「ＡＩ・データの利用に関する契約ガイドライン」を策定しました。

　このガイドラインは，データ編とＡＩ編で構成されており，ここではＡＩ編に何が書かれているかを概観します。

　ＡＩ編は，その冒頭で「『ＡＩ技術（人間の行い得る知的活動をコンピュータソフトウェアに行わせる一連のソフトウェア技術）』を利用するソフトウェアの開発・利用を促進する等の観点から，ＡＩ技術を利用したソフトウェアの開発・利用に関する契約の基本的な考え方を解説したもの」とされています。

　つまり，ＡＩ技術を利用したソフトウェア市場において，開発から利用段階に至るまでの間に締結されることが想定される契約についての指針を示したものです。

　従来からソフトウェア開発の業務委託契約やソフトウェア利用許諾契約等の契約類型が存在していますが，ＡＩ技術が搭載されたソフトウェアを規制する法律や利用関係につき契約で何を定めておけばよいかにつき実例が乏しく，指針が必要とされてきました。

　本ガイドラインでは，「①ＡＩ技術の特性を当事者が理解していないこと，②ＡＩ技術を利用したソフトウェアについての権利関係・責任関係等の法律関係が不明確であること，③ユーザがベンダに提供するデータに高い経済的価値や秘密性がある場合があること，④ＡＩ技術を利用したソフトウェアの開発・利用に関する契約プラクティスが確立していないこと」が問題点と指摘され，これらの問題点をどのように解決すべきかが記されています。

　たとえば，「①ＡＩ技術の特性を当事者が理解していないこと」については，次のような点が指摘されています。

　ＡＩ技術を利用したソフトウェアは，開発の初期段階では最終的な成果物を予測することや未知の入力に対する性能保証をすることが困難です。

　そのため，当事者がこのことにつき十分な共通認識を持った上で契約交渉に望むべきこととなります。

「②ＡＩ技術を利用したソフトウェアについての権利関係・責任関係等の法律関係が不明確であること」については，学習済みモデルの開発契約におけるモデル契約が付せられており解決指針が与えられています。

「③ユーザがベンダに提供するデータに高い経済的価値や秘密性がある場合があること」については，本ガイドライン（ＡＩ編）およびモデル契約は，成果物やデータに対する利用条件をきめ細やかに設定し，ユーザのデータの取扱いに対するニーズとベンダの成果物の有効活用についてのニーズの調和を図っています。

「④ＡＩ技術を利用したソフトウェアの開発・利用に関する契約プラクティスが確立していないこと」については，「探索的段階型」の開発方式が提唱され各段階でのモデル契約が示されています。

このように本ガイドラインは，ＡＩ技術の解説から始まり，ＡＩ技術を利用したソフトウェア開発・利用契約について基本的な考え方，ＡＩ技術を利用したソフトウェアの開発契約学習済みモデルの開発契約について，契約の考え方や契約締結時の考慮要素，ＡＩ技術の利用契約，国際的取引の視点として，外国企業との間で学習済みモデルの開発契約や利用契約を締結する際の考慮要素が記され，学習済みモデルの生成についてのモデル契約が示されています。

本ガイドラインは，我が国での現時点でのＡＩ法務についての考え方の指針です。

想定される契約当事者は，大企業から中小企業までのすべての企業とされていますが，国が示した指針であるため，小企業や個人事業主も対応に悩むことがあれば，本ガイドラインを参考にすることができるでしょう。

本ガイドライン（ＡＩ編）の全文は以下のＵＲＬに掲載されています。

www.meti.go.jp/press/2018/06/20180615001/20180615001-3.pdf

あとがき

　本書のコンセプトにつきましては，ビジネスパーソンの入門書にしたい，他学部でビジネス法の科目を履修する学生の助けになりたい，という思いで広範囲にわたるビジネス法の分野化の中から現在のビジネスシーンに必要な分野を取出し，弊所の所属弁護士と共に執筆しました。執筆にあたっては法科大学院出身の石本雄基君，廣田哲成君，現在司法修習生（当時は司法試験受験生）の前田歩君にもお世話になりました。ここに感謝の気持ちを送らせて頂きます。いずれにせよ本書を手に取って頂いた方はビジネス法分野の門をたたくことになりました。今まで考えたことのなかったことが実は法的に問題になっている事実を知って頂くことになります。私たちが希望していることは事件が起こってから対応するのではなく，事件が起こる前に予防策を講じ，紛争を生じさせないことです。このようにビジネス・パーソンには紛争予防も求められているのです。本書が足掛かりとなり実業界でご活躍して頂けたら望外の喜びです。今後も執筆陣一同益々研鑽を積み皆様方にお役に立てる書籍を提供させて頂きたいと思います。

　最後に，本書の編集者である中央経済社ライセンス編集部の市川編集長，校正をご担当いただいた皆さまに縷々ご助言を頂いたことへの感謝の言葉を述べ筆を置かせて頂きます。ありがとうございました。

令和元年7月

西口　竜司

条 文 索 引

【意匠法】
1条‥‥‥‥‥‥‥‥‥‥‥‥‥‥‥‥159

【一般指定】
1項，2項‥‥‥‥‥‥‥‥‥‥‥‥‥118

3項‥‥‥‥‥‥‥‥‥‥‥‥‥‥‥‥120

6項‥‥‥‥‥‥‥‥‥‥‥‥‥‥‥‥121

7項‥‥‥‥‥‥‥‥‥‥‥‥‥‥‥‥121

8項‥‥‥‥‥‥‥‥‥‥‥‥‥‥‥‥122

9項‥‥‥‥‥‥‥‥‥‥‥‥‥‥‥‥122

10項‥‥‥‥‥‥‥‥‥‥‥‥‥‥‥‥123

11項‥‥‥‥‥‥‥‥‥‥‥‥‥‥‥‥125

12項‥‥‥‥‥‥‥‥‥‥‥‥‥‥‥‥125

13項‥‥‥‥‥‥‥‥‥‥‥‥‥‥‥‥130

14項‥‥‥‥‥‥‥‥‥‥‥‥‥‥‥‥130

15項‥‥‥‥‥‥‥‥‥‥‥‥‥‥‥‥130

【会社法】
199条‥‥‥‥‥‥‥‥‥‥‥‥‥‥‥‥44

236条‥‥‥‥‥‥‥‥‥‥‥‥‥‥‥‥46

676条‥‥‥‥‥‥‥‥‥‥‥‥‥‥‥‥47

【下請法】
1条‥‥‥‥‥‥‥‥‥‥‥‥‥‥‥‥132

【消費者契約法】
4条1項1号‥‥‥‥‥‥‥‥‥‥‥‥58

4条1項2号‥‥‥‥‥‥‥‥‥‥‥‥59

4条2項‥‥‥‥‥‥‥‥‥‥‥‥‥‥59

4条3項1号‥‥‥‥‥‥‥‥‥‥‥‥59

4条3項2号‥‥‥‥‥‥‥‥‥‥‥‥59

4条4項‥‥‥‥‥‥‥‥‥‥‥‥‥‥59

4条5項1号‥‥‥‥‥‥‥‥‥‥‥‥58

4条5項2号‥‥‥‥‥‥‥‥‥‥‥‥58

4条5項3号‥‥‥‥‥‥‥‥‥‥‥‥59

10条‥‥‥‥‥‥‥‥‥‥‥‥‥‥‥‥60

12条‥‥‥‥‥‥‥‥‥‥‥‥‥‥‥‥61

【商標法】
2条‥‥‥‥‥‥‥‥‥‥‥‥‥148, 149

3条‥‥‥‥‥‥‥‥‥‥‥‥‥‥‥‥150

15条‥‥‥‥‥‥‥‥‥‥‥‥‥‥‥‥157

18条‥‥‥‥‥‥‥‥‥‥‥‥‥‥‥‥151

25条‥‥‥‥‥‥‥‥‥‥‥‥‥‥‥‥151

26条‥‥‥‥‥‥‥‥‥‥‥‥‥‥‥‥156

32条1項‥‥‥‥‥‥‥‥‥‥‥‥‥156

36条‥‥‥‥‥‥‥‥‥‥‥‥‥‥‥‥154

37条‥‥‥‥‥‥‥‥‥‥‥‥‥‥‥‥152

43条の2‥‥‥‥‥‥‥‥‥‥‥‥‥158

【商 法】
4条‥‥‥‥‥‥‥‥‥‥‥‥‥‥‥‥40

501条‥‥‥‥‥‥‥‥‥‥‥‥‥‥‥‥39

502条‥‥‥‥‥‥‥‥‥‥‥‥‥‥‥‥40

503条‥‥‥‥‥‥‥‥‥‥‥‥‥‥‥‥40

504条‥‥‥‥‥‥‥‥‥‥‥‥‥‥‥‥41

【著作権法】
2条1項‥‥‥‥‥‥‥‥‥‥‥‥‥159

10条‥‥‥‥‥‥‥‥‥‥‥‥‥‥‥‥159

13条‥‥‥‥‥‥‥‥‥‥‥‥‥‥‥‥159

条文索引

【特別商取引法】

2条1項	62
2条2項	62
2条3項	62
33条	62
41条	63
51条	63
58条の4	63

【特許法】

1条	139
2条3項	137
29条	139
35条	142
38条	142
68条	137
69条1項	146
77条	144
78条	144
100条1項	146
101条	145
113条	147
113条1項	147
178条	147

【独禁法】

1条	108
2条（抜粋）1項	99
2条（抜粋）2項	100, 130
2条（抜粋）5項	108, 110
2条（抜粋）6項	101, 108
2条（抜粋）9項	114
2条9項1号	118
2条9項2号	120
2条9項3号	121
2条9項4号	122
2条9項5号	128
2条9項6号ロ	121
3条	101, 110
8条	130
19条	116
20条	117
20条の2ないし6	117

【不正競争防止法】

1条	161
2条	161

【民事訴訟法】

3条2乃至13条	167
24条	169
118条	169
184条	168

【民　法】

1条2項	12
99条1項	11
99条2項	11
121条	58
162条1項	14
162条2項	14
166条1項	14
166条2項	15
166条3項	15
415条1項	15

条文索引 191

415条 2項 ················15	32条 ················83
521条 1項 ················27	34条 ················83
521条 2項 ················27	35条 ················84
522条 1項 ················27	36条 ················84
522条 2項 ················27	37条 ················85
555条 ················20	92条 ················73
601条 1項 ················20	
601条 2項 ················20	**【労働契約法】**
632条················25	1条 ················72
	3条 ················72
【労働基準法】	6条 ················78
11章 ················67	7条 ················73
13章罰則 ················67	8条 ················72
24条 ················81	13条 ················74

事 項 索 引

【英数】

26条の抗弁……………………156

AI ……………………………174

AI・データの利用に関する契約
　　ガイドライン……………………185

AIが作り出したものを客体とする
　　権利関係……………………177

AIを原因とする事故が発生した
　　場合の責任問題……………183

【あ行】

意匠法……………………………159

一定の取引分野……………………104

違法的阻却事由……………………108

インコタームズ……………………165

ウィーン売買条約……………………165

請負契約 ………………………25

営業的商行為 ……………………40

【か行】

外国裁判所の確定判決の効力………169

外国裁判所の判決の執行判決………169

外国における証拠調べ………………168

課徴金……………………………117

過量取引 ………………………59

管轄 ……………………………28, 167

企業結合規制……………………112

欺まん的顧客誘引……………………122

休暇・休業 ……………………89

休業手当 ……………………………82

休憩時間 ……………………………83

休日 ……………………………84

競争者に対する取引妨害……………130

競争の実質的制限……………………106

共同発明……………………………142

業務提供誘因販売取引 ………………63

均等侵害……………………………145

クーリング・オフ ……………………64

契約自由の原則……………………27, 58

研究者ないし開発者の権利と倫理
　　規制……………………………179

公正な競争を阻害するおそれ………117

拘束条件付取引……………………125

コーポレート・ガバナンス………44, 48

コーポレート・ファイナンス ………44

国際訴訟……………………………167

国際仲裁……………………………170

国際調停……………………………171

国際ライセンス契約……………………166

【さ行】

再販売価格の拘束……………………122

債務不履行 ……………………15

差止・排除除却請求……………………154

差止請求……………………………146

差別対価・差別的扱い………………120

産業上の利用可能性……………………139

事項索引 193

時間外労働・休日労働・深夜労働 …84

事業者 …………………………………99

事業者団体…………………………100, 130

試験・研究のための実施……………146

時効 …………………………………13

　（市場）効果要件……………………104

下請法……………………………………132

実施権……………………………………144

指定類型…………………………………116

私的独占…………………………………110

社債の発行 ……………………………47

就業規則 ………………………………73

取得時効………………………………13, 14

準拠法……………………………………165

商事代理 ………………………………41

使用者 …………………………………70

消尽論……………………………………146

商人 ……………………………………40

消費者契約法 …………………………58

消費者団体訴訟制度 …………………61

商標………………………………………149

商標権侵害への対抗手段……………154

商標権に基づく請求への抗弁………155

商標権の侵害…………………………152

商標権の発生…………………………151

商標登録出願…………………………157

商標法……………………………………148

消滅時効………………………………13, 14

賞与・ボーナス………………………80

職務発明…………………………………142

商標権侵害への対抗手段……………154

侵害とみなす行為……………………145

新株予約権の発行 ……………………46

新規性……………………………………139

信義則 …………………………………12

審決取消訴訟……………………………147

人工知能（AI）の定義 ……………176

人事 ……………………………………90

進歩性……………………………………140

絶対的商行為 …………………………39

先使用……………………………………156

組織再編…………………………………44, 51

【た行】

退職金 …………………………………80

代理の制度 ……………………………10

抱き合わせ販売………………………123

断定的な判断の提供 …………………59

著作権法…………………………………159

賃金 ……………………………………78

賃金の支払いに関する原則 …………81

賃貸借契約 ……………………………20

通信販売 ………………………………62

敵対的買収 ……………………………53

電話勧誘販売 …………………………62

登録異議申立て…………………………158

登録要件…………………………………150

特定継続的役務提供 …………………63

特許異議申立て…………………………147

特許権…………………………………137, 177

特許権侵害………………………………144

特許権侵害からの救済手段…………146

特許権に基づく請求に対する抗弁…146

特許権の帰属……………………………141

特許権の効果……………………………144

特許庁の処分に対する不服申立

　手段………………………147, 158

取消権 ……………………………………58

取引拒絶…………………………………118

取引の相手方の役員選任への不当

　干渉………………………………130

【な行】

内部干渉…………………………………130

入札談合…………………………………105

【は行】

ハードコア・カルテル………………107

排除措置命令……………………………117

排他条件付取引…………………………125

売買契約 …………………………………20

発明………………………………………137

ビジネス法………………………………2

非ハードコア・カルテル………………107

不公正な取引方法………………………114

不実告知 …………………………………58

不正競争防止法…………………………161

附属的商行為 ……………………………40

不退去等 …………………………………59

不当高価購入……………………………121

不当条項の無効 …………………

不当な取引制限………………………101

不当な利益による顧客誘引………122

不当廉売…………………………………121

不利益事実の不告知 …………………59

並行輸入…………………………………157

法定類型…………………………………116

法的思考……………………………………5

訪問購入 …………………………………63

訪問販売 …………………………………62

募集株式の発行 ………………………44

【ま行】

無効審判…………………………………147

無効の抗弁………………………………157

【や行】

約款………………………………………18

優越的地位の濫用……………………128

【ら行】

類推適用 …………………………………12

連鎖販売取引 ……………………………63

労働基準法 ………………………………67

労働契約 …………………………………72

労働契約終了後の義務 ………………95

労働契約の終了 …………………………93

労働契約法………………………………67

労働時間 …………………………………83

労働者 ……………………………………69

【著者紹介】

西口　竜司（にしぐち　りゅうじ）

●略　歴

弁護士。平成 8 年 同志社大学 法学部法律学科 卒業。平成18年 甲南大学 法科大学院 修了。関西学院大学 商学部講師（法学特論），兵庫県立大学 会計研究科講師（会社法Ⅱ等）。辰已法律研究所専任講師。平成25年 神戸 マリン綜合法律事務所　設立。

●主要著者・論文

『ファーストステップ 法学入門』（中央経済社），『西口竜司の論文の書き方革命』(辰已法律研究所) 他著書多数。

城戸　直樹（きど　なおき）

●略　歴

弁護士。平成16年 神戸大学 法学部卒。辰已法律研究所 講師。平成26年 神戸マリン綜合法律事務所　入所。兵庫県立大学 経済学部 非常勤講師 （産業法。平成28年後期）。甲南大学 法学部 非常勤講師（経済法。平成 30年〜）。甲南大学 法科大学院アカデミック・アドバイザー（平成28年〜）。兵庫県弁護士会 民法改正プロジェクト・チームの委員を経て（平成 28年)，同副座長（平成29年〜）。兵庫県 弁護士会 法教育委員会委員（平成28年〜）。

●主要著者

『新旧対照逐条解説民法（債権関係）改正法案』（共著）（新日本法規）がある。

【執筆協力】

小田　沙織（おだ　さおり）

●略　歴

弁護士。現甲南大学非常勤講師（ビジネス法務）。

佐々木　歌織（ささき　かおり）

●略　歴

弁護士。甲南大学法科大学院実務家教員。甲南大学非常勤講師。

ファーストステップ 企業法入門

2019年10月10日　第 1 版第 1 刷発行

著 者	西 口 竜 司
	城 戸 直 樹
発行者	山 本 　 継
発行所	㈱中央経済社
発売元	㈱中央経済グループ
	パブリッシング

〒101-0051　東京都千代田区神田神保町 1 - 31 - 2
電話　03（3293）3371（編集代表）
　　　03（3293）3381（営業代表）
http://www.chuokeizai.co.jp/
製　版／㈲ イー・アール・シー
印　刷／三 英 印 刷 ㈱
製　本／㈲ 井 上 製 本 所

©2019
Printed in Japan

※頁の「欠落」や「順序違い」などがありましたらお取り替えいたし
ますので発売元までご送付ください。（送料小社負担）
ISBN 978-4-502-30801-7　C3032

JCOPY〈出版者著作権管理機構委託出版物〉本書を無断で複写複製（コピー）するこ
とは，著作権法上の例外を除き，禁じられています。本書をコピーされる場合は事前
に出版者著作権管理機構（JCOPY）の許諾を受けてください。
　JCOPY〈http://www.jcopy.or.jp　eメール：info@jcopy.or.jp　電話：03-3513-6969〉